Klingende Dreifaltigkeit –
Die neue Mainzer Domorgel

NEUE FORSCHUNGEN ZUM MAINZER DOM

Herausgegeben von
Domdekan Henning Priesel

im Auftrag des
Bischöflichen Domkapitels Mainz
Bd. 2

DANIEL BECKMANN · BIRGER PETERSEN

KLINGENDE DREIFALTIGKEIT
DIE NEUE MAINZER DOMORGEL

BISCHÖFLICHES DOMKAPITEL MAINZ

SCHNELL + STEINER

Diese Publikation verwendet das generische Maskulinum.
Alle anderen Geschlechter sind ausdrücklich mitgemeint.

Bibliografische Information der Deutschen Nationalbibliothek:
Die Deutsche Nationalbibliothek verzeichnet diese Publikation
in der Deutschen Nationalbibliografie; detaillierte bibliografische
Daten sind im Internet über https://dnb.de abrufbar.

1. Auflage 2023
© 2023 Verlag Schnell & Steiner GmbH, Leibnizstraße 13, 93055 Regensburg
© 2023 Bischöfliches Domkapitel Mainz
Umschlaggestaltung: Julie August
Satz: typegerecht berlin
Druck: Gutenberg Beuys Feindruckerei GmbH, Langenhagen

ISBN 978-3-7954-3745-9

Alle Rechte vorbehalten. Ohne ausdrückliche Genehmigung des Verlags ist es nicht gestattet,
dieses Buch oder Teile daraus auf fototechnischem oder elektronischem Weg zu vervielfältigen.

Weitere Informationen zum Verlagsprogramm erhalten Sie unter:
www.schnell-und-steiner.de

INHALT

- 8 **GRUSSWORTE**

- 14 **DISPOSITIONEN**

- 18 **DOKUMENTATION DES ORGELBAUS**

- 55 DANIEL BECKMANN
  KLINGENDE DREIFALTIGKEIT
  ASPEKTE ZUR KONZEPTION DER NEUEN MAINZER DOMORGEL

- 67 WENDELIN EBERLE UND SIMON HEBEISEN
  EIN RÜCKBLICK … AUF DEN LANGEN WEG ZUR NEUEN DOMORGEL

- 93 BISCHOF PETER KOHLGRAF
  DIE ORGEL IM DIENSTE DES „KLANGES DES UNSAGBAREN"

- 99 DIANA ECKER
  SEHEN VERSUS HÖREN, ODER HARMONIE DER SINNE?
  DAS DOMORGELPROJEKT AUS DENKMALPFLEGERISCHER SICHT

- 104 **DIE ORGELWEIHE IM SOMMER 2022**

- 123 ALBERT SCHÖNBERGER
  „DER DOM SPIELT MIT!"
  EIN GESPRÄCH MIT BIRGER PETERSEN

- 127 ACHIM SEIP
  DIE ORGELN DES MAINZER DOMS UND IHRE ERBAUER VON 1334 BIS 1928

- 137 BIRGER PETERSEN
  ORGELBAU AM MAINZER DOM NACH 1928

ANHANG
- 144 Konstruktionszeichnungen
- 156 Die Orgelbaufirmen
- 158 Autorinnen und Autoren
- 160 Abbildungsnachweis

Der Hohe Dom St. Martin zu Mainz zählt zu den bedeutendsten Baudenkmälern in ganz Deutschland. Seit über tausend Jahren steht er mitten in Mainz und erinnert täglich an das reiche kunst- und kulturhistorische Erbe von Rheinland-Pfalz. Als ständige Baustelle ist er zugleich seit jeher von kontinuierlichem Wandel geprägt. Der Domorgelneubau schreibt diese Veränderungsgeschichte fort: Das Alte wird nicht einfach ersetzt, es wird auf höchstem qualitativen Niveau weiterentwickelt. Auf der Basis des aus den 1920er Jahren stammenden Vorgängerinstruments entsteht eine neue Domorgel, die sich hören und bestaunen lassen kann: Mit über 14.000 Pfeifen und 206 unterschiedlichen Klangfarben gehört sie zu den größten, modernsten und vielseitigsten Kirchenorgeln der Welt.

Ihr Klang fußt auf einem fundierten Konzept, vollendetem Kunsthandwerk und hochwertigen Materialien. Mit ihr erhält der Mainzer Dom ein echtes Meisterwerk, in das jahrzehntelange Überlegungen, internationale Expertise und das Zusammenwirken vieler Disziplinen und Perspektiven eingeflossen sind: Akustik, Architektur, Denkmalpflege, Musik und Orgelbau. Der Domorgelneubau ist eine gemeinsame Anstrengung von vielen mitwirkenden und engagierten Menschen und Organisationen. Den Förderern und Förderinnen, Experten und Expertinnen, den beteiligten Unternehmen, der Dombauhütte, dem Dombauamt, dem Mainzer Dombauverein, der Stiftung Hoher Dom zu Mainz und nicht zuletzt Bischof Kohlgraf und dem Domkapitel ist zu verdanken, dass dieses Großprojekt ein echter Erfolg ist.

Raum für gelebten Glauben und gelebte Kultur – das ist der Mainzer Dom. Die neue Domorgel mit ihrer klaren Klangkraft stärkt diesen Raum, indem sie Gottesdiensten und Konzerten eine neue Qualität verleiht. Die Kulturlandschaft in Rheinland-Pfalz wird um fulminante Konzerte mit Orgelspiel bereichert und der Martinsdom kann als Ort des internationalen Kulturaustauschs für Orgelmusik voll aufblühen. Wir dürfen uns auf zahlreiche Gastkonzerte renommierter Organisten und Organistinnen aus aller Welt freuen. Ich gratuliere herzlich zur Weihe der neuen Orgel im Mainzer Dom und wünsche einen wunderbaren Musikgenuss.

Malu Dreyer
Ministerpräsidentin des Landes Rheinland-Pfalz

Der Mainzer Dom St. Martin ist Herz und Wahrzeichen unserer Stadt und das seit über tausend Jahren. Die Geschichte von Mainz ist ohne ihn kaum denkbar. Teil dieser Geschichte aber sind seit sieben Jahrhunderten auch seine Orgeln – und das, obwohl der Dom in seiner doppelchörigen Anlage ursprünglich gar nicht für Orgelmusik gebaut worden war. Orgeln zogen erst im 13. Jahrhundert in die Gotteshäuser ein, dann aber mit Macht.

Das Vorgängerinstrument der neuen Domorgel, zu deren feierlicher Weihe ich im Namen der Landeshauptstadt Mainz sehr herzlich gratuliere, wurde vor etwa einhundert Jahren – 1928 – erbaut und in den sechziger Jahren des letzten Jahrhunderts erweitert. Manch ein Mainzer oder eine Mainzerin wird sich vielleicht noch erinnern, als sie erstmalig gespielt wurde: Das war im Jahr 1962 anlässlich der 2000-Jahr-Feier der Stadt Mainz.

Allerdings konnte diese Orgel-Erweiterung nicht darüber hinwegtäuschen, dass ein Neubau der Gesamtanlage letztlich nur eine Frage der Zeit war: Nicht eine erweiterte, sondern nur eine von Grund auf neue Orgel war mit der immensen kunst- und kulturhistorischen Bedeutung des Doms in Einklang zu bringen – und damit mit der Bedeutung eines Gotteshauses, das zu den ältesten und bedeutendsten Kirchenbauten Deutschlands gehört.

Und noch etwas galt es zu beachten: Die neue Orgel musste auch den gewachsenen Anforderungen an eine vielgestaltige Orgelmusik in Liturgie und Konzert gerecht werden können. Keine leichte Aufgabe also – aber vor allem: kein Ziel, das schnell zu erreichen war.

Es erstaunt also nicht, dass die ersten Überlegungen für einen Orgel-Neubau bis in die 1980er Jahre zurückreichen. Nach vielen Symposien, Gutachten, Wettbewerbsphasen und Klangproben wurde 2013 schließlich eine Orgelbauwerkstätte in der Schweiz – das Unternehmen Goll – und eine in Österreich – das Unternehmen Rieger – ausgewählt. Sie sollten gemeinsam mit ihrem Auftraggeber, dem Bistum Mainz, und mit vielen Förderinnen und Förderern das Jahrhundertprojekt einer neuen Mainzer Domorgel stemmen.

Orgeln gab es bereits in der Antike, seither aber wurden sie kontinuierlich weiterentwickelt. Nicht umsonst hat schon Mozart die Orgel als „Königin aller Instrumente" bezeichnet. Im Mainzer Dom zieht nun gar eine Kaiserin ein!

Beste Firmen, beste Materialien, ein lang gereiftes Konzept, viele Unterstützerinnen und Unterstützer und nicht zuletzt das Wissen von Jahrhunderten: all das ist beim Bau der neuen Mainzer Domorgel in einzigartiger Weise zusammengekommen. Entstanden ist so eine der größten und modernsten Orgelanlagen Deutschlands, die nach Vollendung des noch ausstehenden dritten Bauabschnitts mit ihren über 14.000 Pfeifen zu den größten Kirchenorgeln der Welt gezählt werden wird. Schon jetzt hat sie internationales Aufsehen erregt.

Auf dieses neue „klangliche Wahrzeichen" unserer Stadt kann die Landeshauptstadt Mainz mehr als stolz sein. Zwar verfügt Mainz bereits über eine reiche Kulturszene. Gleichwohl bedeutet der Orgel-Neubau für den Musikstandort Mainz Stärkung und Strahlkraft.

Die Weihe der neuen Mainzer Domorgel ist daher nicht nur für alle Christen und Christinnen ein unvergesslicher, ein ergreifender Moment, sie ist es auch für Menschen aller Altersgruppen, Kulturen und Religionen.

Allen, die dazu beigetragen haben, dieses Wunderwerk der Klangkunst für den Mainzer Dom und für die Landeshauptstadt Mainz zu erschaffen, danke ich herzlich im Namen der gesamten Bürgerschaft von Mainz. Die Weihe der neuen Mainzer Domorgel ist ein Festtag für unsere Stadt und wird unvergessen bleiben: Lob und Ehre der „Kaiserin" von St. Martin – Lob und Ehre der neuen, strahlenden Orgel zu Mainz!

Michael Ebling
Innenminister des Landes Rheinland-Pfalz
Oberbürgermeister der Landeshauptstadt Mainz
von 2012–2022

Voll Freude konnten wir im Rahmen einer Pontifikalvesper am Sonntag, 21. August 2022 die Orgelweihe durch den Mainzer Bischof Dr. Peter Kohlgraf im vollbesetzten Hohen Dom zu Mainz feiern. Mit ihr kommt für das Domkapitel und die Domkirche ein jahrzehntelanger Entwicklungs- und Umsetzungsprozess zu einem großen Etappenziel. Die darauffolgenden ersten Konzerte auf dem neuen Instrument machten diese Tage für alle Teilnehmenden zu einem einzigen großartigen und einprägsamen Fest.

Wir dürfen uns beglückwünschen, von nun an die neue Orgel in den Gottesdiensten und konzertant erleben zu dürfen. Als Auftraggeber danken wir allen, die an der Realisierung dieses Jahrhundertwerks mitgewirkt haben, insbesondere den Orgelbau-Unternehmen Goll, Luzern, und Rieger, Schwarzach im Vorarlberg, sowie hier in Mainz dem Domorganisten Prof. Daniel Beckmann.

Wie ein Mantel legt sich nun der Klang der Orgel in der Marienkapelle und der Ostchor-Orgel um die Gottesdienst feiernde Gemeinde und die Konzertzuhörerschaft. Das wird noch erfahrbarer werden, wenn final einmal der dritte Bauabschnitt fertiggestellt und die Klais-Orgel im Westchor restauriert, erweitert und in die Orgelanlage eingebunden sein wird.

Die Vorstellung vom musikalisch umhüllenden Mantel ist ein symbolisches und leicht zu übertragendes Bild: in einem tausendjährigen Dom, der das Patrozinium des Hl. Martin von Tours trägt. Wenn in unseren Kirchen am Altar und am Ambo das Herz in der Liturgie schlägt, dann atmet die Lunge dort, wo Musik schöpferisch entsteht und das Gebet der Gläubigen – gerade beim Gesang der Gemeinde und der Chöre – zum Herrn erhebt.

Es zeigt uns umso mehr, dass Musik Verkündigung ist und nie nur schönes Beiwerk, sondern konstitutiv für die gemeinsame Feier des Glaubens, und zutiefst das Wesen des gläubigen Menschen bezeichnet.

Ob die neue Domorgel im Laufe der Zeit einen Namen bekommt, weiß ich nicht. Besonderen Orgeln wird das mitunter durch Volkes Stimme zuteil, so wie bei herausragenden Kunstwerken auch und das ist sie zweifelsohne. Der Titel „Die schöne Mainzerin" ist im Dom bereits vergeben, diesen Beinamen trägt die spätgotische Marienfigur in der Marienkapelle der Kathedrale. Möglicherweise wird die Orgel ja einmal „Die Strahlende" oder auch „Die Umarmende" genannt, weil sie uns mit ihrem Klang umhüllend miteinander verbindet.

Diese Erfahrung der inneren Verbundenheit durch die Musik wünsche ich allen, die die neue Orgel spielen und sie erleben.

Denen, die zur Verwirklichung der Orgel bis heute beigetragen haben, danke ich im Namen des Domkapitels von Herzen, namentlich dem Vorstand und den Mitgliedern des Mainzer Dombauvereins und der Stiftung Hoher Dom zu Mainz, allen großzügigen Einzelspendern, den Orgelbauern und den Mitwirkenden bei der Beratung, Planung und Realisierung des Projekts.

Wir sind Gott dankbar und mit unserem Dank vor ihm vielen Menschen gegenüber und teilen mit diesem Buch zur neuen Domorgel gern unsere Freude. Vergelt's Gott!

Ich lade Sie ein: Kommen Sie und erleben Sie selbst dieses wunderbare Werk des Orgelbaus in unserem Mainzer Dom.

Henning Priesel
Domdekan

„Unser Dom braucht viele Freunde" ist das Motto des Mainzer Dombauvereins und es schwingen dabei zwei wichtige Botschaften mit: Wir brauchen die Solidarität von vielen und wir brauchen einen langen Atem. Wir alle wissen: Unser Dom St. Martin ist ein Gotteshaus, aber er ist eben auch eines der bedeutendsten Wahrzeichen der Stadt und zugleich ein steingewordenes Geschichtsbuch, das es zu erhalten gilt.

Ich erinnere mich noch sehr gut, als meine Vorstandskollegen und ich am 15. Mai 2018 in Begleitung des Domorganisten Daniel Beckmann zur Orgelbaufirma Goll ins schweizerische Luzern fuhren, um den symbolischen Startschuss für das Jahrhundertprojekt zu feiern. Es war eine sehr emotionale Reise, weil wir schon auf der Fahrt nach Luzern uns über diese einzigartige Chance unterhielten, die dieses Jahrhundertprojekt bedeutet: für die Stadt Mainz, für unseren geliebten Dom, für die Kirchengemeinde.

Der Anlass der Feier in Luzern war das 150. Jubiläum der Firma Orgelbau Goll. Dass bei dieser Gelegenheit die Vertragsunterzeichnung für die Mainzer Orgel mitgefeiert wurde, zeigt, wie stolz die Orgelbaufirma über diesen sicher nicht alltäglichen Auftrag war: Sie haben sich ob der Größe des Projekts sogar zu einem Konsortium zusammengeschlossen mit der ebenso international renommierten Orgelbaufirma Rieger aus Vorarlberg in Österreich.

Wir waren uns, vielleicht zum ersten Mal seit dem Planungsbeginn, der historischen Tragweite bewusst, weil mit der Vertragsunterzeichnung das Projekt nun in die konkrete Umsetzung ging. „Der Mainzer Dom bekommt eine neue Orgel," sagten wir uns, „und wir als Dombauverein können daran mitwirken". Ja, es ist ein Jahrhundertprojekt. Und es ist, wie uns Wendelin Eberle, der Geschäftsführer der Orgelbaufirma Rieger in Schwarzach eindrücklich erklärte, aufgrund der Größe des Raums und der Komplexität des Instruments sogar ein ganz besonderes Jahrhundertprojekt.

Uns allen war klar, dass das Bischöfliche Domkapitel die Finanzierung nicht allein stemmen konnte. Wir vom Dombauverein Mainz hatten daher im Vorstand einstimmig beschlossen, bereits zur Anschubfinanzierung eine halbe Million Euro zur Verfügung zu stellen. Parallel haben wir innerhalb kürzester Zeit eine Spendenaktion ins Leben gerufen, bei der unter anderem Patenschaften für verschiedene Orgelpfeifen übernommen werden können. So haben Spender und Spenderinnen das Gefühl, selbst einen Teil der Orgel zu besitzen und die Geschichte des Mainzer Doms fortzuschreiben. Und es gibt insgesamt 14.526 Pfeifen.

So haben viele Freunde und Freundinnen des Doms Patenschaften für einzelne Pfeifen übernommen – darunter für 75 Euro eine Pfeife im kleinen Zwei-Fuß-Register oder für 5.000 Euro die Patenschaft einer fast zehn Meter langen Pfeife im 32-Fuß-Register. Inzwischen sind durch unsere Patenschaftsaktion weit über 500.000 Euro zusammengekommen. Der Dombauverein hat darüber hinaus weitere 600.000 Euro gespendet und leistet damit einen gewaltigen Beitrag zu diesem außergewöhnlichen Jahrhundertprojekt. Es macht mich und meine Vorstandskollegen stolz, daran mitwirken zu können. Und wir freuen uns riesig, die Weihe der neuen Orgel zu erleben, zusammen mit der Kirchengemeinde, den Mitgliedern des Dombauvereins, des Domkapitels, den Honoratioren der Stadt und natürlich mit unserem Domorganisten Daniel Beckmann. Die feierliche Weihe der neuen Mainzer Domorgel mit unserem Bischof Peter Kohlgraf und unserem Domdekan Henning Priesel macht noch einmal deutlich: Unser Dom hat viele Freunde und er braucht sie auch weiterhin. Vielleicht mehr denn je.

Sabine Flegel
Vorsitzende des Mainzer Dombauvereins

Was für ein symbolträchtiges Timing: In dem Jahr, in dem das musikalische Deutschland die Orgel als das „Instrument des Jahres" zelebriert, feiert die neue Mainzer Domorgel Premiere. Zwar noch nicht in ganzer „Fülle": Was sich am 17. September 2021 über der Marienkapelle ereignete, war „nur" die feierliche Freigabe des ersten Teilwerks. Aber was die Gläubigen bei dieser Segnung und die Fachleute bei der akustischen Präsentation des ersten von drei Werksabschnitten hören durften, war ebenso grandios wie überzeugend. Ein neuer, ein klanggewaltiger und doch fein strukturierter Sound durchzieht die tausendjährige Kathedrale, in der vor 700 Jahren eine Orgel zum ersten Mal ihren liturgischen Dienst versehen hat und damit für alle Zeit Teil des Gotteshauses geworden ist. Das neue Teilwerk nahe des Marktportals weist zunächst 3.500 Pfeifen in 48 Registern am neuen Platz über der Marienkapelle auf. Das war der Anfang eines Gesamtwerks, das nach der Fertigstellung für sich beansprucht, eine der größten Orgeln des christlichen Abendlands zu sein. Ein wunderbarer „Riese, der zaubern und flüstern" kann, prognostizierte die sonst so nüchterne Frankfurter Allgemeine Zeitung mit erkennbarer Vorfreude.

Was jetzt so seiner Vollendung entgegensieht, war die bitternotwendige Konsequenz aus dem langsamen Verfall des bestehenden Orgelwerks. Die alte Kemper-Orgel aus den 1960er Jahren des letzten Jahrhunderts, aufgesetzt auf Teile der alten Klais-Orgel aus den 1920er Jahren, konnte als Verlegenheitslösung aus unterschiedlichen Gründen weder den besonderen liturgischen Anforderungen noch den architektonischen Gegebenheiten der monumentalen Kathedrale mit zwei Chorräumen im Westen und Osten gerecht werden. Domorganist Daniel Beckmann hat beharrlich auf die schwerwiegenden Konstruktionsschwächen der Orgel verwiesen, die als großräumiges, begehbares und unterschiedlich ausgebautes Gesamtwerk zu den kompliziertesten Orgelanlagen überhaupt gehörte. In einem detaillierten und deshalb sehr spannenden Vortrag har er den Mitgliedern und Spendern unserer „Stiftung Hoher Dom zu Mainz" sehr anschaulich beschrieben, wie unzureichend und notdürftig die 7.986 Pfeifen mit ihren 114 Registern auf ihren sieben unterschiedlichen Standorten intakt gehalten werden können und welch irreparablen Verschleiß die benötigten zehn Kilometer Elektro-Kabel seit Jahren aufweisen. Die ohnehin sehr niedrige elektrische Gesamtspannung falle auf ihrem langen Weg vom Ost- zum Westchor bisweilen um mehr als die Hälfte ab und verlasse nicht selten den Grenzbereich regulärer Funktionsfähigkeit. So komme es zu dem Ausfall einzelner Töne und ganzer Register, sodass bereits 2014 ein Drittel der Gesamtanlage stillgelegt werden musste – ein für eine Kathedrale vom Rang des Mainzer Domes absolut untragbarer Zustand. Die Stifter und Spender der „Stiftung Hoher Dom zu Mainz" waren nach der ausführlichen Darstellung des Vorhabens und der Betrachtung der Dimension des Großprojektes auf ihrem Stiftertag, dem höchsten Gremium der Stiftung unter Leitung von Bischof Kohlgraf, schnell einstimmig und hochmotiviert bereit, mit allen denkbaren Möglichkeiten der Stiftung das Orgel-Vorhaben zu unterstützen. Das Engagement unserer Stiftung ist dabei auf die Finanzierung der Spieltische fokussiert. Unsere Stiftung ist die 2004 von Kardinal Lehmann gegründete, rechtsfähige, kirchliche Stiftung „Hoher Dom zu Mainz". Der Stiftungszweck ist, ideell aber vor allem auch finanziell alle Maßnahmen zu fördern, die der Erhaltung und Ausstattung des Doms und seiner Einrichtungen dienen. Gleichermaßen sollen auch alle wissenschaftlichen Aktivitäten und Unternehmungen zum besseren Verständnis der Geschichte des Doms und seiner Bedeutung für das Bistum gefördert werden. In den 18 Jahren ihres Bestehens ist es der Stiftung gelungen, ihr Gründungskapital von 782.000 Euro, das aus einem Vermächtnis und aus mehreren Zustiftungen stammt, zu verfünffachen.

Beim Jubiläum der 1000-Jahr-Feier des Doms hat die Stiftung mit herausragenden Konzerten und ausgesuchten Veranstaltungen dazu beigetragen, den Blick einer großen Öffentlichkeit auf den Dom und seine herausragende Bedeutung zu lenken. Zu besonderen Förderprojekten der Stiftung zählt die Herausgabe des Bildbands *Der Dom zu Mainz – Bilder einer Kathedrale* mit dem großartigen Bildwerk der Fotokünstler Martin Blume und Bernd Radke, sowie die Unterstützung des Forschungsprojektes „Der gotische Dom", die Mitfinanzierung des Beleuchtungskonzepts im Inneren des Doms und die Finanzierung des Aufbaus und der Betreuung einer Bilddatenbank für die Dombilder.

Mit Sonderspenden von Mitgliedern unserer Stiftung und den Mitteln aus den diversen Jahreserträgen der Stiftung steht für das große Orgelprojekt der Stiftung eine Summe von mehr als 500.000 Euro zur Verfügung. Der erste, im letzten Jahr in Betrieb genommene Tisch über der Marienkapelle ist bereits „abgehakt": Er ist ein großer „Wurf", der alle musikalischen und liturgischen Anforderungen prächtig und stimmgewaltig erfüllt. Der neue Spieltisch im Ostchor ist wie der erstgelieferte ein Generalspieltisch, der mit über 300 Schaltelementen für die gesamte Orgelanlage des Domes eingesetzt werden kann. Er verfügt über vier Manual- und eine Pedalklaviatur. Alle Teilwerke können den Klaviaturen frei zugewiesen werden. Die Fachwelt ist begeistert darüber, was die hochkomplexe Spieltischelektronik in beeindruckender Perfektion möglich macht, etwa die zeitliche Synchronisation der verschiedenen Orgelwerke auf unterschiedliche Koordinaten im Dom oder die simultane Verwendung mehrerer Spieltische für die unterschiedlichen Orgelteilwerke. Mehr als ein musikalischer Zauberkasten! Auch seine handwerkliche Ausfertigung und die sehr hohe Qualität verdienen höchstes Lob. Von den Mainzer Orgelspieltischen heißt es schon heute, dass sie die besten ihrer Art sind. Eine Benchmark: Sie werden sicherlich vielen künftigen Auftraggebern als Vorbild dienen. Die Vorfreude auf die im Gesamterneuerungsprozess für das neue Domorgelwerk vorgesehenen Spieltische im Westchor und im Langhaus mit einem mobilen Konzertspieltisch ist außerordentlich. Unsere Stiftung steht für die Finanzierung dieser Tische im Wort.

Die Stiftung „Hoher Dom zu Mainz" will damit ihren Beitrag dafür leisten, dass in der tausendjährigen Kathedrale ein Orgelspiel erklingen kann, das in allen liturgischen Formen die Gläubigen souverän und festlich und auf kluge Weise mitnimmt und begleitet. Und dass eine veritable Meisterorgel entstehen kann, die in all ihren musikalischen Präsentationen und konzertanten Offerten der überragenden historischen Bedeutung und dem monumentalen Rang des Hohen Doms gerecht wird.

Prof. Dr. Markus Schächter
ehemaliger Intendant des ZDF, Vorstandsvorsitzender der Stitung Hoher Dom zu Mainz

DISPOSITION MARIENORGEL

(ORGELBAU GOLL 2021)

I Hauptwerk		C–c⁴	
1.	Praestant	16'	C–F mit 41, Fs–f¹ im Prospekt 82 % Zinn, Rest innen 70 % Zinn
2.	Principal	8'	C–H im Prospekt 82 % Zinn, Rest innen 70 % Zinn
3.	Gamba	8'	70 % Zinn, konisch
4.	Rohrflöte	8'	C–H in Fichtenholz, ab c° 96 % Blei
5.	Octave	4'	60 % Zinn
6.	Gemshorn	4'	36 % Zinn, konisch
7.	Großterz	5 ⅓'	36 % Zinn
8.	Quinte	2 ⅔'	70 % Zinn
9.	Superoctave	2'	70 % Zinn
10.	Cornet V	8'	ab g°, 70 % Zinn
11.	Mixtur IV–V	1 ⅓'	70 % Zinn
12.	Fagott	16'	deutsche Konstruktion, 70 % Zinn
13.	Trompete	8'	deutsche Konstruktion, 50 % Zinn

II Positiv (expr.)		C–c⁴	
14.	Bourdon	16'	C–h° in Fichtenholz, ab c¹ 96 % Blei
15.	Salicional	8'	70 % Zinn, C–Ds in Haskell-Konstruktion (Innenkropf)
16.	Gedackt	8'	C–H in Fichtenholz, ab c° 96 % Zinn
17.	Flauto amabile	8'	C–G mit 16, ab Gs in Fichtenholz/Ahorn, innenlabiert
18.	Principal	4'	80 % Zinn
19.	Flauto dolce	4'	36 % Zinn, trichterförmig
20.	Sesquialtera II	2 ⅔'	70 % Zinn, 2 ⅔' + 1 ⅗'
21.	Flageolet	2'	36 % Zinn
22.	Larigot	1 ⅓'	70 % Zinn
23.	Scharff IV	1'	70 % Zinn
24.	Dulcian	8'	klassische Dulcian-Form mit Deckel, 36 % Zinn
25.	Vox humana	8'	französische Konstruktion, 70 % Zinn
	Tremulant		

III Schwellwerk		C–c⁴	
26.	Rohrflöte	16'	C–h° in Fichtenholz, ab c¹ 96 % Blei
27.	Holzgedackt	8'	durchgehend in Fichtenholz/Ahorn/Weissbuche
28.	Quintadena	8'	70 % Zinn
29.	Traversflöte	8'	36 % Zinn, ab g¹ überblasend
30.	Fugara	4'	70 % Zinn
31.	Rohrflöte	4'	96 % Blei
32.	Nasat	2 ⅔'	36 % Zinn, C–H gedeckt, ab c° offen
33.	Schweizerpfeife	2'	70 % Zinn, c°–g² überblasend
34.	Terz	1 ⅗'	36 % Zinn
35.	Corona IV	2'	80 % Zinn
36.	Trompete	8'	französische Konstruktion, 60 % Zinn, ab g¹ doppelte Länge
37.	Oboe	8'	deutsche Konstruktion mit Drehdeckeln, 70 % Zinn
	Tremulant		

Percussion floating		C–c⁴	
38.	Crotales (repetierend)		30 Klangscheiben in spezieller Glockenguss-Bronce
39.	Zimbelstern		20 filigrane Stäbe in Titan-Alu-Legierung

Pedal		C–g¹	
40.	Untersatz	32'	Verl. 43, C–Fs als 10 ⅔' + 43, G–H reell 32', in Fichtenholz
41.	Principalbass	16'	Verl. 44, C–H Prospekt 82 % Zinn
42.	Violone	16'	Verl. 45, in Fichtenholz
43.	Subbass	16'	durchgehend in Fichtenholz
44.	Octavbass	8'	C–Ds im Prospekt 82 % Zinn, Rest innen 70 % Zinn
45.	Violoncello	8'	80 % Zinn
46.	Choralbass	4'	80 % Zinn
47.	Hintersatz IV	2 ⅔'	80 % Zinn, ohne Repetitionen
48.	Posaunenbass	16'	deutsche Konstruktion, C–H in Fichtenholz, ab c° 60 % Zinn
49.	Choral-Trompete	8'	deutsche Konstruktion, 60 % Zinn
50.	Klarine	4'	deutsche Konstruktion, 80 % Zinn

DISPOSITION HAUPTORGEL
(RIEGER ORGELBAU 2022)

	Grand Orgue	floating	C–c⁴	
1.	Montre	16'	Sn 60 %	C–h° Zn
2.	Violon	16'	Sn 75 %	C–h° Zn
3.	Montre	8'	Sn 60 %	C–H Zn
4.	Viole de Gambe	8'	Sn 75 %	C–H Zn
5.	Flûte harm.	8'	Sn 60 %	C–H Zn
6.	Cor de Chamois	8'	Sn 60 %	
7.	Grosse Quinte	5 ⅓'	Sn 60 %	
8.	Prestant	4'	Sn 60 %	
9.	Salicional	4'	Sn 60 %	
10.	Quinte	2 ⅔'	Sn 60 %	
11.	Doublette	2'	Sn 60 %	
12.	Grande Fourniture V–VII	2'	Sn 60 %	
13.	Cymbale III–IV	1'	Sn 60 %	
14.	Cornet V	8'	Sn 60 %	ab c¹
15.	Bombarde	16'	Sn 60 %	
16.	Trompette	8'	Sn 60 %	
17.	Clairon	4'	Sn 60 %	

	Positif (expr.)	floating	C–c⁴	
18.	Bourdon	16'	Sn 32 %	C–h° Holz
19.	Principal	8'	Sn 60 %	C–H Zn
20.	Salicional	8'	Sn 60 %	C–H Zn
21.	Unda maris	8'	Sn 60 %	ab c°
22.	Bourdon	8'	Sn 32 %	C–H Holz
23.	Prestant	4'	Sn 60 %	
24.	Flûte	4'	Sn 60 %	
25.	Nazard	2 ⅔'	Sn 60 %	
26.	Doublette	2'	Sn 60 %	
27.	Tierce	1 ⅗'	Sn 60 %	
28.	Larigot	1 ⅓'	Sn 60 %	
29.	Septième	1 ⅐'	Sn 60 %	
30.	Piccolo	1'	Sn 60 %	
31.	Plein Jeu IV	1 ⅓'	Sn 60 %	
32.	Basson	16'	Sn 60 %	
33.	Euphone	8'	Sn 60 %	
34.	Cromorne	8'	Sn 60 %	
	Tremulant			

	Récit (expr.)	floating	C–c⁴	
35.	Quintaton	16'	Sn 60 %	C–h° Holz
36.	Diapason	8'	Sn 60 %	C–H Zn
37.	Viole de Gambe	8'	Sn 60 %	C–H Zn
38.	Flûte harm.	8'	Sn 60 %	C–H Zn
39.	Voix céleste	8'	Sn 60 %	ab c°
40.	Cor de nuit	8'	Sn 32 %	C–H Holz
41.	Éoline	8'	Sn 60 %	
42.	Flûte oct.	4'	Sn 60 %	
43.	Viole	4'	Sn 60 %	
44.	Nazard harm.	2 ⅔'	Sn 60 %	
45.	Octavin	2'	Sn 60 %	
46.	Tierce harm.	1 ⅗'	Sn 60 %	
47.	Fourniture V	1'	Sn 60 %	
48.	Bombarde	16'	Sn 60 %	
49.	Trompette harm.	8'	Sn 60 %	
50.	Basson-Hautbois	8'	Sn 60 %	
51.	Voix humaine	8'	Sn 60 %	
52.	Clairon harm.	4'	Sn 60 %	
	Tremulant			

	Orchestre (expr. Solo)	floating	C–c⁴	
53.	Contre Viole	16'	Sn 75 %	C–H Zn, c°–c⁴ aus 54
54.	I. Viole d' orch.	8'	Sn 60 %	C–H Zn
55.	II. Viole d' orch.	8'	Sn 60 %	C–H Zn
56.	III. Viole d' orch.	8'	Sn 60 %	C–H Zn
57.	Viole céleste	8'	Sn 60 %	ab c°
58.	Violine	4'	Sn 60 %	
59.	Harmonia aeth. V	2'	Sn 60 %	
60.	Clarinette	8'	Sn 60 %	
	Tremulant			

	Solo (expr.)	floating	C–c⁴	
61.	Diapason Stentor	8'	Sn 75 %	C–H Zn
62.	Concert Flute	8'	Sn 32 %	C–h² Holz
63.	Octave Stentor	4'	Sn 75 %	
64.	Concert Flute	4'	Sn 32 %	C–h¹ Holz
65.	Grand Cornet VII	8'	Sn 60 %	ab f° 8', 4', 2 ⅔', 2', 1 ⅗', 1 ⅐', ⁸⁄₉'
66.	French Horn	8'	Sn 60 %	
67.	Tuba sonora	8'	Sn 60 %	

	Percussion	floating	C–c⁴	
68.	Marimba		Holz	
69.	Chimes		Messing	g°–g'' 25 Töne

Fortsetzung Disposition Hauptorgel

	Chamade	floating	C–c⁴	
70.	Tuba impérial	8'	Sn 75 %	horiz.
71.	Tuba impérial	4'	Sn 75 %	horiz.
72.	Trompette royale	16'	Sn 75 %	C–H 60 %; ab c° horiz.
73.	Trompette royale	8'	Sn 75 %	horiz.
74.	Trompette royale	4'	Sn 75 %	horiz.
75.	Trompette royale	2'	Sn 75 %	horiz., repet. 4'/8'

	Pédale		C–g¹	
76.	Soubasse	32'	Holz	C–H c°–g¹ aus 82.
77.	Contre Violon	32'	Holz	C–H c°–g¹ aus 79.
78.	Contrebasse	16'	Holz	C–H c°–g¹ aus 84.
79.	Violonbasse	16'	Holz	
80.	Montre	16'	Sn 60 %	aus 1. GO
81.	Violon	16'	Sn 60 %	aus 53. und 54. Orch.
82.	Bourdon	16'	Holz	
83.	Quinte	10 ⅔'	Sn 60 %	C–f° Zn
84.	Principal	8'	Sn 60 %	C–H Zn
85.	Flûte	8'	Sn 60 %	C–H Holz
86.	Violoncelle	8'	Sn 60 %	C–H Zn
87.	Bourdon	8'	Sn 30 %	C–H Holz
88.	Tierce	6 ⅖'	Sn 60 %	
89.	Flûte	4'	Sn 60 %	
90.	Contre Bombarde	32'	Holz	C–H c°–g¹ aus 91.
91.	Bombarde	16'	Sn 60 %	
92.	Basson	16'	Sn 60 %	C–H c°–g¹ aus 93.
93.	Basson	8'	Sn 60 %	
94.	Trompette	8'	Sn 60 %	
95.	Clairon	4'	Sn 60 %	

Koppeln:

I/II, II/I, III/I, IV/I, III/II, IV/II, IV/III, I/P, II/P, III/P, IV/P

16'-, 4'- Koppeln in allen Werken

Äquallage-Ab in allen Werken

I/P 4', II/P 4', III/P 4', IV/P 4'

IV/I Sopran, VI/I Alt, P/I Bass

freie Koppeln 1–5

Spielhilfen:

10 Benutzer mit je 1000 Kombinationen mit je 3 Inserts

Archiv für 500 Titel mit je 1000 Kombinationen mit je 3 Inserts

4 Crescendi – einstellbar

dynamische und freie Schwelltrittbelegung

Sostenuto, Sostenuto +

Pizzikato

Freie Manualzuteilung

Sequenzschaltung

Kopierfunktion

Wiederholungsfunktion

autom. Pedalumschaltung

Werkabsteller

Generalabsteller

Einzelabsteller

Extras:

geteiltes Pedal

Registerfessel

Transposition

Rieger Stimmsystem

MIDI

Klangsynchronisation der zwei Orgeln auf eine definierte Publikumsposition

Blätterpistons für digitale Noten

Winddruck:

HW	93 mm
POS	100 mm
REC	105 mm
SOLO	180 mm
PED	100 mm
32' im PED	130 mm
Chamaden	120 mm
Tuba Cham.	180 mm
Tuba Sonora	450 mm

DISPOSITION CHORORGEL
(RIEGER ORGELBAU, PROJEKTIERT)

Hauptwerk (expr.)		floating C–c⁴
1.	Principal	16'
2.	Principal	8'
3.	Offenflöte	8'
4.	Schweizerpfeife	8'
5.	Nachthorngedackt	8'
6.	Dulciana	8'
7.	Octave	4'
8.	Nachthorn	4'
9.	Quinte	2 ⅔'
10.	Superoktave	2'
11.	Cornett IV–V	8'
12.	Mixtur IV–VI	2 ⅔'
13.	Cymbel V	1 ⅓'
14.	Bombarde	16'
15.	Trompete	8'
16.	Clairon	4'

Positiv (expr.)		floating C–c⁴
17.	Quintadena	16'
18.	Principal	8'
19.	Hohlflöte	8'
20.	Quintadena	8'
21.	Spitzflöte	8'
22.	Unda maris	8'
23.	Praestant	4'
24.	Rohrflöte	4'
25.	Rauschquinte II	2 ⅔'
26.	Blockflöte	2'
27.	Mixtur V	1 ⅓'
28.	Rankett	16'
29.	Trompete	8'
30.	Krummhorn	8'
31.	Englischhorn	8'
	Tremulant	

Schwellwerk (expr.)		floating C–c⁴
32.	Bordun	16'
33.	Principal	8'
34.	Jubalflöte	8'
35.	Lieblich Gedackt	8'
36.	Salicional	8'
37.	Vox coelestis	8'
38.	Principal	4'
39.	Querflöte	4'
40.	Quintadena	4'
41.	Sesquialter II	2 ⅔'
42.	Nachthorn	2'
43.	Nasard	1 ⅓'
44.	Scharff III–IV	1'
45.	Dulcian	16'
46.	Klarinette	8'
47.	Oboe	8'
	Tremulant	

Solo		floating C–c⁴
48.	Domtrompete	8'

Pedal (expr.)		C–g¹
49.	Untersatz	32'
50.	Principal	16'
51.	Subbass	16'
52.	Quintbass	10 ⅔'
53.	Oktavbass	8'
54.	Flöte	8'
55.	Gedackt	8'
56.	Pedaloctave	4'
57.	Rauschpfeife IV	2 ⅔'
58.	Posaune	16'
59.	Dulcian	16'
60.	Trompete	8'
61.	Schalmey	4'
62.	Singend Cornett	2'

DOKUMENTATION DES ORGELBAUS

Hauptorgel im Ostchor, Rieger Orgelbau (2022)

◂ Marienorgel am Marktportal,
Orgelbau Goll (2021)

Dokumentation des Orgelbaus

Spieltischspiegelung im
bombierten Abschluss der
zylindrischen Pfeifenfüße

Dokumentation des Orgelbaus

◂ Prospektpfeifen der Marienorgel – Besonderheit: Ansicht der „Tuchseite" und zylindrische Pfeifenfüße mit Windzufuhr durch rückwärtige Kondukten

Die satinierte Edelstahlverblendung der Spieltischempore nimmt Glanzgrad und vertikale Struktur der darüberliegenden Prospektpfeifen auf

Mitarbeiter der Firma Goll und der Mainzer Dombauhütte tragen die größte Pfeife der Marienorgel in den Dom (C des Principalbass 16′)

Simon Hebeisen freut sich in Luzern über den Untersatz 32′, der später in liegender Form den oberen Abschluss, das „Dach" der Marienorgel im Dom bilden soll

Dokumentation des Orgelbaus

Mainz und Salzburg in direkter Nachbarschaft

Dokumentation des Orgelbaus

Domorganist Daniel Beckmann vor dem frisch angelieferten Spieltisch der Marienorgel

Spieltisch und Marienorgel stehen auf einer an sechs Stahlstangen aus dem Gewölbe abgehängten Plattform

Blick in die 38 m hohe Kuppel des Ostchors. In den nord- und südseitigen Zwillingsarkaden, den so genannten „Kaiserlogen", die neue Hauptorgel (Rieger Orgelbau 2022)

Dokumentation des Orgelbaus

Orgelbauer Jonas Ender beim Entladen des Pfeifenwerks der Hauptorgel

Domorganist Daniel Beckmann im Pedalwerk (nord-östliche Arkade des Ostchors)

Dokumentation des Orgelbaus

Generalspieltisch im Ostchor

Rückansicht der Hauptorgel in der nördlichen Oberkapelle des Ostchors (links Großpedal, rechts Récit expressif, in den vorgelagerten Arkaden: Kleinpedal und Chamades)

Rückansicht der Hauptorgel in der südlichen Oberkapelle des Ostchors (links Positif expressif, rechts Solo und Orchestre expressif, in den vorgelagerten Arkaden: Grand Orgue und Chamades)

Dokumentation des Orgelbaus

Blick ins Solowerk mit Schwellrippen und vorgelagerter Tuba impérial (horizontal, 8' und 4')

Stefan Niebler mit Intonationswerkzeug

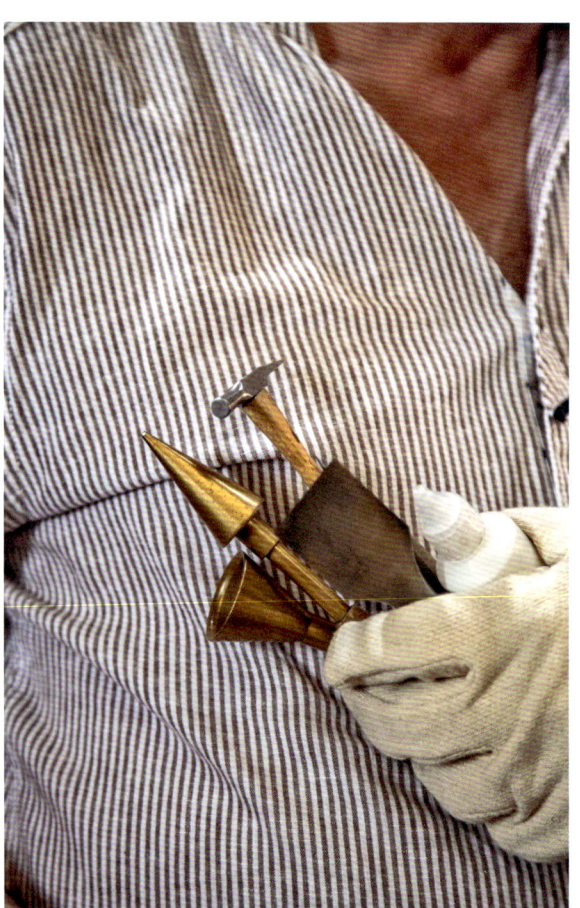

Dokumentation des Orgelbaus

Blick durch Grand Orgue zu den Trompettes royales 8' und 4'

Rückansicht der südlichen Prospektpfeifen

Dokumentation des Orgelbaus

Pfeifen des Contre Violon 32' mit Längen bis zu 10,30 m und einem Gewicht bis zu 430 kg wurden geteilt angeliefert und vor Ort zusammengefügt.

Dokumentation des Orgelbaus

◂ Tuba sonora im
 schwellbaren Solowerk,
 Winddruck: 430 mm
 Wassersäule

Dokumentation des Orgelbaus

Intonateur
Daniel Orth
bei der Arbeit

KLINGENDE DREIFALTIGKEIT
ASPEKTE ZUR KONZEPTION DER NEUEN MAINZER DOMORGEL

DANIEL BECKMANN

Als vor gut tausend Jahren der Auftrag zum Bau des Mainzer Doms gegeben wurde, dachte man naturgemäß noch nicht an einen möglichen Standort für eine Orgel. Heute als ureigenes Instrument der römischen Kirche angesehen und aus ihrer Liturgie nicht wegzudenken, fand sie erst im 13. Jahrhundert flächendeckenden Einzug in große Stadt- und Domkirchen, so auch in Mainz. Die stete Bemühung, dem außergewöhnlichen Raum mit zwei liturgischen Zentren im Westen und Osten in den darauffolgenden Jahrhunderten durch ein adäquates Instrument gerecht werden zu können, wird in der gut dokumentierten Suche nach einem vermeintlichen Idealstandort und in der Errichtung verschiedenster Orgelwerke im Westchor, auf den Querhauschoretten, im Langhaus, auf den heute nicht mehr existenten West- und Ostlettnern sowie im Ostchor nachhaltig zum Ausdruck gebracht. Schon früh war dabei absehbar, dass man den komplexen liturgischen Aufgabenstellungen mit nur einer Orgel ebenso wenig wie den monumentalen Raumdimensionen mit 110 Meter Länge, 55 Metern Breite und zwei gewaltigen Kuppeln von 45 bzw. 38 Meter Höhe (Innenmaße) gerecht zu werden vermag. So gab es bereits um 1630 vier Orgeln an vier verschiedenen Stellen der Kathedrale, die – in Abhängigkeit des liturgischen Anlasses – je einen Teilbereich des Doms zu beschallen in der Lage waren.

Der Mainzer Ansatz des 20. Jahrhunderts ging im Wesentlichen auf ein Instrument des Bonner Orgelbauers Klais zurück, das 1928–1929 im Rahmen der letzten großen Domsanierung „unsichtbar" hinter dem Rokoko-Chorgestühl eingebaut wurde. Aufgrund der Ergebnisse des II. Vaticanums und der gewünschten Einbeziehung der singenden Gottesdienstgemeinde beauftragte das Bischöfliche Domkapitel bereits in den 1960er Jahren den Lübecker Orgelbauer Kemper, einschneidende Veränderungen daran vornehmen und einen erheblichen Teil ins Querhaus des Doms translozieren zu lassen. Auch durch weitere Zubauten Kempers im Querhaus und im Ostchor versprach man sich einen raumfüllenden Klang, der den besonderen architektonischen Vorgaben der monumentalen Kathedrale mit zwei Chorräumen im Westen und Osten und den daraus resultierenden liturgischen Anforderungen, darunter die Begleitung der Chöre im Westchor sowie der antiphonalen Offiziumspsalmodie im Ostchor und des Gemeindegesangs im Langhaus, gerecht werden sollte. Dank der Entwicklungen des damaligen Orgelbaus und der Einbeziehung elektrischer Traktursysteme waren die einzelnen Teilwerke (im Gegensatz zum barocken Lösungsansatz) seither auch gemeinsam spielbar. Allerdings hatte das Standortkonzept der 1960er Jahre eklatante Schwächen: Der größere Anteil des Instruments konzentrierte sich auf den vorderen Dombereich Westchor und Querhaus, ein kleinerer Teil stand bis zu seiner Demontage im (hinten gelegenen) Ostchor. Im Langhaus, wo sich die feiernde Gottesdienstgemeinde versammelt, fehlte ein die klanglichen Zentren West-Ost buchstäblich ver-*mitte*-lndes Element. Denn insbesondere vor dem Hintergrund des akustischen Trägheitsmoments kam es in Verbindung der rund einhundert Meter großen Entfernung von Orgel zu Orgel innerhalb der monumentalen Kathedrale unweigerlich zu permanenten Echoeffekten, bei denen der Dombesucher immer zuerst die nächstgelegenen Teilwerke hörte, bevor die weiter von ihm entfernten in zeitlicher Verzögerung wahrgenommen wurden. Auf diese Weise entstand, gepaart mit den ungewöhnlichen akustischen Verhältnissen und Nachhallzeiten von bis zu elf Sekunden, eine unangenehme Diffusität.

Neben allen Echo- und Diffusitätsproblematiken muss man hinsichtlich weiterer klanglicher Erwägungen, die natürlich für Instrumente aller Art als entscheidende Bewertungskriterien fokussiert werden sollten, konstatieren, dass die stilistische Überformung der 1960er Jahre durch Kemper in einer allenthalben als stark ideologisierend empfundenen Spaltklangästhetik der Orgelbewegung kein geschlossenes Klangbild resultieren ließ, zumal die Substanz des Instruments von Klais aus dem Jahr 1928 musikalisch in einer spätromantischen Ära verwurzelt ist und somit eine völlig konträre Sprache spricht. Ein Dialog zwischen „Gesprächspartnern" differenter Provenienz also, der in Ermangelung eines Dolmetschers jeglichen versöhnlichen Konsens zu entbehren hatte. Es waren zwei

Daniel Beckmann

Sechsmanualiger Generalspieltisch der Klais-Kemper-Orgel von 1965

Herzen, die in der Brust der Mainzer Domorgel pulsierten: einerseits ein neobarocker, obertonreicher Klangaufbau mit hellen respektive grellen Klangkronen bei vergleichsweise dünnem, substanzlosem Grundtonfundament und einer unzureichend tragfähigen Intonation – und andererseits ein spätromantischer, letztlich orchestral empfundener Grundstimmenaufbau, der sich seit Kemper in skurril verzerrter Form präsentierte. Hinzu kommt, dass sich eine mehrteilige Konzeption zwar grundsätzlich als förderlich erwiesen hat, sie in der beschriebenen Ausführung und der Standortwahl jedoch als misslich gewertet werden muss, da sie eine adäquate Führung des Gemeindegesangs ebenso wenig ermöglichte wie die zeichnungsfähige Darstellung komplexerer, wie etwa polyphoner musikalischer Strukturen in Gottesdienst und Konzert.

Summa summarum ist es also ein immerhin siebenhundertjähriger Erfahrungsschatz, der für die Klangkonzeption der neuen Mainzer Domorgel zurate gezogen werden konnte, von dem insbesondere die letzten sechs Jahrzehnte im Umgang mit dem Klais-Kemper-Konglomerat zahlreiche Erkenntnisse mit sich brachten, die durch aufwändige Akustikgutachten und einschlägige Klangproben wissenschaftlich wie empirisch untermauert werden konnten. Das Ergebnis ist vor allem die Festlegung der Aufstellungssituation. Dabei sind der Aufgabe des bisherigen Standorts Querhaus (Südchorette und Nordwand) und gleichzeitiger Hinzuziehung des Standorts Marktportal/Marienkapelle, an dem Bischof Dr. Kohlgraf am 19. September 2021 den Neubau der Schweizer Orgelbaufirma Goll (erster Bauabschnitt) segnete, klangliche Verbesserungen enormen Ausmaßes zu verdanken. Der damals unterbelichtet repräsentierte Standort Ostchor, der in den Kaiserlogen ein zu gering dimensioniertes, falsch mensuriertes, kritikwürdig disponiertes, unzureichend tragfähig intoniertes und letztlich minderwertig konstruiertes Instrument aufwies, wurde aufgrund der deutlich begünstigten Klangausbreitung im Rahmen des zweiten Bauabschnitts durch die österreichische Firma Rieger mit einem Orgelneubau zum Hauptteilwerk ausgebaut, der die Dommusik nun seit der feierlichen Orgelweihe am 21. August 2022 durch Bischof Dr. Kohlgraf gemeinsam mit der Marienorgel bereichert. Wiewohl die Kemper-Zubauten entfernt werden, bleibt die qualitätvolle spätromantische Substanz der Domorgel von 1928 erhalten: In einem dritten und letzten, zum Zeitpunkt der Drucklegung dieser Publikation aber noch nicht beauftragten Bauabschnitt ist eine Restaurierung nach allen Regeln der Orgelbaukunst samt Rückführung des seit Kemper zerklüfteten, weil auf unterschiedliche Standorte des Doms aufgeteilten Werks an seinen ursprünglichen Standort im Westchor durch die Firma Rieger projektiert. Dabei sind technische wie klangliche Anpassungen an die künftige Funktion als Chororgel vonnöten, um den qualitätvollen Ensembles der Mainzer Dommusik gerecht werden zu können.

Neben allen Aspekten zur Standortfrage in Abhängigkeit von akustischen, baulichen, technischen, denkmalpflegerischen, liturgischen und konzertanten Anforderungsprofilen ist ohne Zweifel die stilistische und ästhetische Ausgestaltung von höchster klanglicher Relevanz. Dabei gibt es international wenig Beispiele für vergleichbare Konzeptionen, bietet der Mainzer Dom doch sehr individuelle Voraussetzungen, denen es im Rahmen dieses ambitionierten Jahrhundertprojekts bestmöglich gerecht zu werden gilt. Während große Kathedralen zumeist über eine Hauptorgel im hinteren Bereich und eine kleinere Chororgel vorn verfügen, die entweder separat oder gemeinsam anspielbar sind, galt es im Fall des Mainzer Domorgelprojekts, die beschriebene Dreiteiligkeit mit Einbindung und Anpassung eines historischen Ist-Zustands zu konzipieren. Eine Vervielfachung mehr oder minder gleich klingender Register an drei Standorten konnte nach reiflicher Überlegung nicht überzeugen, obschon darüber im Rahmen der Jahrzehnte währenden Projektgenese seriös diskutiert wurde (findet man doch etwa andernorts auch Vorbilder für Zwillingsorgeln). Natürlich war eine stilistische Annäherung unausweichlich, zeigten die Erfahrungen mit zu unterschiedlichen Klangsprachen der Klais-Kemper-Melange doch, wie unbefriedigend ein derartiger klanglicher Spagat im Zusammenspiel ist. Für eine Gesamtdisposition im Stil der bald hundert Jahre alten Klais-Orgel sah die Domorgelkommission jedoch keine Veranlassung. Eine dezidierte, standortabhängige Aufgabenzuweisung, die Vielfalt des großen Orgelrepertoires und der Zusammenschluss der Teilwerke zum großen symphonischen Ganzen galten somit als Maxime. Im Ausschreibungstext hatte ich es vor gut zehn Jahren in Abstimmung mit der Domorgelkommission schließlich so formuliert:

„Dabei soll keine Stilkopie, sondern eine moderne Kathedralorgel entstehen, die sich als selbstbewusste Symbiose bewährter Entwicklungen des 19. bis 21. Jahrhunderts versteht. Ein dunkler, grundtöniger, warmer, gravitätischer und symphonisch-orchestraler Klang, der aber auch zu strahlen und brillieren vermag, soll als Idealvorstellung angenommen werden. So sollen neben einem reichen und gleichsam farbigen, symphonischen Grundstimmenaufbau mit bruchloser dynamischer Abstufung auch Zungen deutscher, französischer und englischer Bauweise zum Einsatz kommen. Transmissionen und Extensionen dürfen – vor allem im Pedal – zur Anwendung gelangen, um u. a. das klangliche Fundament durch Großaliquoten bis hin zur Subkontraoktav zu stärken. Der Gesamtklang soll darüber hinaus auch durch Zeichnungsfähigkeit, die insbesondere für die schwierige Akustik des Mainzer Doms von entscheidender Rolle ist, gekennzeichnet sein. Somit sind Streicher in allen Fußtonlagen unerlässlich. Strahlkraft und Brillanz sollen der Orgelanlage durch Mixturen unterschiedlichster Beschaffenheit und Intensität sowie durch Horizontalzungen verliehen werden. Darüber hinaus sollen Hochdruckstimmen aus allen Registergruppen der transparenten und zeichnenden Durchführung diverser Solo- und Cantus-Firmus-Techniken dienlich sein [...] Vorausgesetzt werden die technische und die musikalische Zusammenführung der drei Teilwerke zu einer Domorgel."

Ein modernes Kathedralorgelkonzept war also gewünscht, das an seinen dedizierten Standorten durchaus individuelle Ausprägungen ermöglicht, sich aber in der Addition aller Standorte als *eine* Domorgel versteht – verteilt auf unterschiedliche Standorte. Modernste Entwicklungen des zeitgenössischen Orgelbaus, die Verwendung digitaler Steuerungselektronik und eine individuell abgestimmte, softwaregesteuerte Spieltischausstattung standen darüber hinaus im Pflichtenheft des Auftraggebers. Die Dreiteiligkeit West – Mitte – Ost trägt also einerseits für die notwendige Flexibilität in der Abbildung vielfältiger liturgischer oder konzertanter Situationen und andererseits für die adäquate Darstellung von Orgelmusik unterschiedlichster Couleur respektive stilistischer Ausrichtung Sorge. Sie kann den Dom neben seinen Teilbereichen im Bedarfsfall auch in Gänze kraftvoll bei gleichzeitiger Auflösung einer hier bislang als unumstößlich geglaubten Klangdiffusität füllen. Auf die Frage, wie genau die individuellen Orgelprofile ausgestaltet wurden beziehungsweise noch werden sollen und wie sie einen homogenen Gesamtklang zu erzeugen in der Lage sind, gilt es an dieser Stelle konkreter einzugehen.

Daniel Beckmann

Die Orgel von 1928/29 steht „unsichtbar" hinter dem Rokoko-Chorgestühl im Westchor und vollzieht durch Restaurierung im dritten Bauabschnitt einen Funktionswechsel von der ehemaligen Hauptorgel zur Chororgel.

Die noch nicht beauftragte Westchororgel ist integraler Bestandteil des Gesamtkonzepts und wird den traditionsreichen Mainzer Domchören, die während der Domliturgien regulär im Westchor des Doms beheimatet sind, das gemeinsame Musizieren einschlägigen Repertoires ermöglichen. Gleichzeitig ist ihr die Aufgabe zugedacht, Zelebration, Ministration, Klerus und Chor im gottesdienstlichen Gesang zu unterstützen und zu führen, da Langhaus- und Hauptorgel rund fünfzig respektive hundert Meter von diesem Teil der feiernden Gottesdienstgemeinde entfernt erklingen. Das ursprüngliche Klangkonzept der 1920er Jahre von Klais ist in großen Teilen als Zeugnis der „Elsässisch-Neudeutschen Orgelreform" anzusehen, die durch den bedeutenden Organisten Emile Rupp und den deutsch-französischen Arzt, Theologen, Philosophen, Musikwissenschaftler und Organisten Albert Schweitzer maßgeblich eingeleitet wurde. Ziel jener Bewegung war es, beste Eigenschaften verschiedener Strömungen des Orgelbaus zu vereinen: einen runden wie fülligen Plenumklang à la Cavaillé-Coll, charakteristische wie mischfähige Zungenfarben, wie sie etwa der romantische Orgelbau Deutschlands oder Englands etabliert hatte,

sowie den Glanz elsässischer Silbermann-Orgeln. Diesen Gedankenkosmos spiegelt der vorfindliche Registerfundus einerseits im differenzierten, spätromantisch anmutenden Grundstimmenaufbau (der überdies in idealer Weise für Chorbegleitaufgaben geeignet ist, versteht er sich doch bestmöglich auf Mischfähigkeit mit der menschlichen Stimme), andererseits finden sich eben jene glänzenden Mixturen nebst dunklen, recht englisch tönenden Zungenstimmen (Bombarde/Trompete), die im Gesamtkontext als stilgebend klassifiziert werden können. Allerdings bricht die Disposition der 1920er Jahre an anderen Stellen auch aus und bedient sich Charakteristika, die sich mit den Vorstellungen Rupps und Schweitzers nicht mehr ohne Weiteres vereinen lassen. So leiten kurzbechrige Zungen bereits einen Stilwandel ein, der sich andernorts in den 1930er und 1940er Jahren zunehmend manifestieren sollte. Schließlich entsagte man Romantismen, neobarockisierte, reromantisierte – und universalisierte. Die Dreiteiligkeit des Mainzer Domorgelkonzepts möchte genau solches aber verhindern, vielmehr erlaubt sie insgesamt eine Profilschärfung an ihren dedizierten Standorten. Zwar haben solch historisierende Zungenfarben wie Dulcian, Rankett, Schalmey oder Krummhorn heute sicher auch wieder eine Daseinsberechtigung in einer modernen Großorgelanlage, dürfen und sollen – zumal vorhanden – als Additivum insofern auch weiterhin Bestandteil der Mainzer Domorgeldisposition sein. Zugleich bestand der Wunsch der Domorgelkommission aber darin, stilprägende Charakteristika des originären Klangkonzepts teilweise zu rekonstruieren (Jubalflöte, Dulciana, Quintbaß) bzw. punktuell zu ergänzen (Englischhorn, Klarinette) und den seit Kemper zerklüfteten Registerfundus von Klais wieder am ursprünglichen Standort hinter dem Rokoko-Chorgestühl des Westchors zusammenzuführen. Die einstige Hauptorgel-Größe muss das Instrument für die neue Chororgel-Funktion freilich nicht mehr zurückerhalten, demnach verteilen sich die Register künftig auf drei Manuale (1928/29 waren es vier) und Pedal.

Zugleich gilt es in der noch nicht beauftragten Restaurierung durch die Firma Rieger Orgelbau (dritter und letzter Bauabschnitt der Domorgelerneuerung), standort- und aufstellungsbedingte Nachteile so gut als möglich zu kompensieren: Der Raum aus drei Konchen bildet aufgrund massiver Bündelpfeiler an der Schwelle zur Vierung einen akustisch weitgehend abgeschlossenen Raum, gleichzeitig bedingt die „unsichtbare" Aufstellung der Klais-Orgel, deren Prospekt durch das Chorgestühl substituiert wird, bislang eine klangliche Austrittsrichtung Richtung Gewölbe. Klangliche Präsenz im Langhaus blieb von jeher ein frommer Wunsch, auch die Chöre mussten mit den Problemen eines verzögerten, weil nur durch Deckenreflektionen zu hörenden und in seiner dynamischen Intensität entsprechend reduzierten Orgelklangs leben, was wiederum für Zusammenspiel und Intonationskontrolle der Sängerinnen und Sänger abträglich war. Der Lösungsansatz des Restaurierungskonzepts sieht nun diagonal ansteigende Schwelldächer vor, verlaufend von der Oberkante des Chorgestühls bis zur Unterkante der Fensterlaibungen der nördlichen und südlichen Konchen. Ihre geplante Effektivität wird gewährleistet, den gesamten Registerfundus (inklusive Hauptwerk und Pedal) der Westchororgel, die vor hundert Jahren als Hauptorgel für den Dom konzipiert wurde, aufgrund ihres Standortnachteils dieser Funktion aber nie zufriedenstellend gerecht werden konnte, künftig für Chorbegleitungszwecke nutzbar zu machen, ohne die Chöre dabei klanglich zu überlagern. Gleichzeitig agieren die Schwellrippen als Schallreflektoren, verhindern so die bisher zu beklagenden Flatterechos im Gewölbe und richten den Klang in Kombination mit trapezförmigen Windladen gen Chor und Langhaus.

Wenngleich es mit 49 Registern das kleinste Teilwerk der im Endausbau 206 Register beherbergenden Mainzer Domorgel an drei Standorten ist, so handelt es sich am Standort Marienkapelle/Marktportal (erster Bauabschnitt) doch um eine wichtige Schlüsselposition. Ihr Standort in der Mitte des Langhauses sowie der innere Werkaufbau mit trapezförmigen Windladen, geteilten Bass-/Diskantladen im Hauptwerk und Trennung von Klein- und Großpedal (das letztgenannte liegend gekröpft als „Dach" der Orgel) begünstigen in idealer Weise zeichnende Klangpräsenz und lösen einstige akustische Dom-Nebelwolken in Wohlgefallen auf. Aufgrund ihrer Nähe zur singenden Gottesdienstgemeinde kommt der Marienorgel in erster Linie die vornehme Aufgabe der Liedführung zu. Gleichzeitig ermöglicht sie die Darstellung komplexer polyphoner Strukturen (Trios, Fugen) ohne Tempokompromisse und fungiert als Bindeglied zwischen den symphonischen Orgelzentren West – Ost. Dafür benötigte sie eine subtile Disposition, die neben Cantus-Firmus-Spezialitäten wie dem aufgebänkten Hauptwerk-Cornet oder der Choral-Trompete auch Besonderheiten für die Interpretation spätbarocken Repertoires (Quintadena, Großterz, Sesquialtera, Dulzian, Vox humana u.a.) berücksichtigt. Gleichzeitig kann sie sich leisten, keine symphonische Kraft entwickeln zu müssen, da ihr nicht die Funktion der Hauptorgel zuteil wird. Eine ganz und gar kammermusikalische Intonation ist die Folge, die es denn auch ermöglicht, die Marienorgel additiv zu ihren symphonischen Schwestern zu verwenden, ohne sie dabei als Hauptorgel in Erscheinung treten zu lassen, gleichwohl aber Transparenz und Fülle in den Gesamtklang einzubringen. Auf den ersten Blick mag es verwundern, dass vor dem Hintergrund des primären Aufgabenprofils an diesem Standort zwei Schwellwerke realisiert wurden. Vergegenwärtigt man sich jedoch, dass auch die Orgeln im West- und im Ostchor zu einem Großteil aus schwellbaren Werken bestehen, so lässt die Brückenfunktion der Marienorgel diese Anlage konsequent und als für das Gesamtkonzept unverzichtbar erscheinen. Insgesamt sieht das Domorgelkonzept neun Schwellwerke vor (Pedal, Hauptwerk, Positiv und Schwellwerk im Westchor, Positiv und Schwellwerk an der Marienkapelle sowie Positiv, Récit und Solo/Orchestre im Ostchor). Im Zusammenspiel West – Mitte – Ost wird auf diese Weise maximale dynamische Flexibilität gewährleistet, die dynamische Klangreduktion in den Chören ist möglich, ohne durch die Mitte konterkariert zu werden. Genau diese Brückenfunktion ist es auch, die für die verhältnismäßig reiche Grundstimmenbesetzung der Marienorgel Pate gestanden hat: Nicht zufällig verfügt jedes der drei Manualwerke über ein labiales Sechzehnfuß-, drei Achtfuß- und zwei Vierfuß-Register, die in Intensität und Farbe von einer zarten Flauto amabile über Gedackt-

◂ Bauabschnitt 1: Marienorgel am Marktportal
(Orgelbau Goll, 2021)

und Traversstimmen, Salizional und Fugara bis hin zu Prinzipalen mit mehr oder weniger Strich äußerst differenziert einzusetzen sind, ohne dabei an Mischfähigkeit und Orchestralität zu entbehren. Selten ist sicher der Rohrflötenchor 16 – 8 – 4. Besonders gelungen auch die Posaune im Pedal, die sich bereits im Zusammenspiel mit zwei Prinzipalen einsetzen lässt und wie bei ihrem Silbermann-Vorbild analog zum Registercrescendo „mitwächst". Nota bene: Die Schwellwerksmixtur „Corona" ist als Referenz an den Orgelstandort zu verstehen, nicht an die Pandemie, der die einjährige Verzögerung zur Einweihung zuzuschreiben ist: Im Rücken des Organisten befindet sich die „schöne Mainzerin", eine gekrönte Mariendarstellung von besonderer Bedeutung für den Mainzer Dom.

Wie die Planung eines musikalisch tragfähigen Konzepts stellten auch visuelle Erscheinungsfragen besondere Anforderungen an ihre Gestalter, galt es doch, kunsthistorische, architektonische und orgelbauerische Begehren gleichermaßen im Gesamtkonzept allgemein sowie an dieser neuralgischen Position im Besonderen zu berücksichtigen und zu vereinen. Nach verschiedenen Wettbewerbsphasen und zahlreichen Gestaltungsvorschlägen entwickelte schließlich der Architekt Thomas Schmitz (Univ.-Prof. Dipl.-Ing., RWTH Aachen) einen auf den vielschichtigen Verantwortungsebenen konsensfähigen Designvorschlag zur Marienorgel, zu dem auch der Windfangbereich unterhalb der Orgel zählte und der in der Folge von den Firmen Goll und Rieger angepasst, konkretisiert und finalisiert werden sollte. Als konstruktive Besonderheit sei an dieser Stelle die an sechs Stahlstangen aus dem Dachstuhl abgehängte Plattform genannt, die über dem Windfang „schwebend" das Gesamtgewicht der Orgel samt Spieltisch von etwa zwanzig Tonnen zu tragen in der Lage ist. Als geschickt gelöst gilt zudem die nicht sichtbare Aufgangssituation zum Organistenbalkon, die durch eine innenliegende „Sambatreppe" zwischen einer doppelten, den Windfang zur Marienkapelle abgrenzenden Wandkonstruktion sichergestellt wurde. Die Brüstung dieses Balkons erinnert dank satinierter Edelstahlstäbe an klassische Rückpositive; sie nimmt ferner Glanzgrad und Aufrichtung des darüberliegenden Pfeifenwerks auf und rhythmisiert zusätzlich, auch in ihrer Asymmetrie, die kapellenzugewandte Prospektseite horizontal wie vertikal. Während der sichtbare Unterbau nordseitig als doppelflügelige Vollglastür des Windfangs und ostseitig mit flächenbündig in einer aus gehämmertem und

Daniel Beckmann

geöltem Eichenholz verkleideten Wand integrierten und somit kaum wahrzunehmenden Türen gestaltet ist, wurden die Bereiche oberhalb der Pfeifenfelder mit anthrazit lasierten Schleierstäben unterschiedlicher Breite und Höhe, die frontseitig mit Weißgold abgerieben wurden, veredelt. Die Anordnung des sichtbaren Pfeifenwerks ist geprägt von kaskadenhaft anmutenden Feldern, die sich ob ihrer jeweiligen Anwinkelung organisch um den die süd- und ostseitigen Prospektflächen der Orgel abgrenzenden Bündelpfeiler gruppieren und ihn so gleichsam in die Komposition integrieren. Beide Prospektseiten in den Blick nehmend, erschließt sich dem Betrachter eine aufstrebende Dynamik von links unten nach rechts oben durch kleiner werdende Pfeifen in immer höher angeordneten Pfeifenfeldern, denen jeweils überwiegend gleich lange Pfeifenkörper zu eigen sind, wiewohl es sich um klingende Prospektpfeifen handelt und folglich unterschiedliche Tonhöhen mit den dafür benötigten stehenden Wellen disponiert werden mussten. Daraus resultieren ein charakteristischer, diagonal ansteigender Labienverlauf und Pfeifenfüße, die die technisch notwendige Länge übertreffen. Obwohl klanglich als Sechzehnfußprospekt angelegt, evozieren jene Füße, die mitunter gar länger ausfallen als der klingende Teil der Pfeife, nahezu einen Zweiunddreißigfußprospekt. Die Windzufuhr erfolgt nicht etwa von unten, sondern vielmehr via Kondukte über Einblasöffnungen im rückwärtigen, dem Instrument zugewandten Teil. So mussten die Füße nicht trichterförmig sein, sondern konnten zylindrisch, mit nach innen bombiertem Abschluss ausgeführt werden. Auch die Materialität bedarf expliziter Erwähnung: Anders als üblich wurde die sogenannte „Tuchseite" des Gussmaterials im Pfeifenbau nach außen gerollt. Somit ist nicht die hochglänzende Oberseite für den Betrachter sichtbar, sondern eben jene durch die gussbankeigene Tuchstruktur charakterisierte, matt erscheinende Unterseite. Durch unzählige Wabenmuster auf der Oberfläche findet so eine deutlich stärkere Lichtreflexion statt, was sich der Betrachtung im dunklen nördlichen Seitenschiff mit wenig Tages- und künstlichem Licht als sehr zuträglich erweist: denn hochglanzpolierte Flächen wirken wie ein Spiegel, der im dunklen Umfeld nur Schwarz reflektiert hätte. Nur die Labien und bombierten Abschlüsse wurden glänzend ausgeführt und gehen so ein interessantes Wechselspiel mit jenen matten Oberflächenstrukturen ein. Die skulpturale Erscheinung des Instruments stößt auf viel positive Resonanz, da sie versteht, sich trotz erkennbarer Gestaltungselemente des 21. Jahrhunderts organisch in den während eines Jahrtausends gewachsenen Zustand des Mainzer Domes zu integrieren, ohne dabei weder mit dem reichen und epochal-stilistisch vielschichtigen Interieur noch mit der romanischen Rundbogen- oder der gotischen Spitzbogenarchitektur des nördlichen Seitenschiffs und des Kapellenkranzes zu konkurrieren; wohl aber gewisse Formprinzipien aufnehmend, neu interpretierend und durch klar erkennbare Gestaltungselemente des 21. Jahrhunderts eine selbstbewusste Akzentuierung und Aufwertung des betroffenen Bereichs um den Hauptein- und -ausgang des Domes sicherstellend. Der sensible Bereich der Kapelle als Gebets- und Andachtsort mit Kerzenstand, Grab des Sozialbischofs Wilhelm Emmanuel Freiherr von Ketteler (1811–1877) und dem bedeutsamen Marienaltar konnte in seiner Würde und Intimität geschützt und bewahrt werden.

Die neue Hauptorgel im Ostchor ist ein wahrer klanglicher Zauberkasten – ein stilistisches Gegengewicht zur „deutschen" Westchororgel, ein opulenter symphonischer Farbtopf mit ungeahnt dynamischem Potenzial: Klanglich verwurzelt in der spätromantischen Ära Frankreichs, nimmt sie sich die Klangästhetik von Zeugnissen des bedeutendsten französischen Orgelbauers des 19. Jahrhunderts, Aristide Cavaillé-Coll, zum Vorbild. Dank originaler Mensuren (wie etwa der Orgeln der Abbatiale St-Étienne de Caen oder der Kathedrale St-Sernin de Toulouse), Mixturzusammensetzungen (u.a. der Cathédrale Sainte-Croix d'Orléans), Intonationsparameter (Expressionen, Aufschnitthöhen, Fußkulpen, Kernstiche) und einer Windanlage mit geteilten Windladen für differenzierten Wind in Bass und Diskant füllt sie den mittelalterlichen Monumentalraum von ihrem Standort in den Kaiserlogen des Ostchors aus mit gleichsam dunklen wie mystischen Klängen – es sind durchaus passende Klänge in einer Stadt, die nicht nur wegen ihrer räumlichen Nähe zum Elsass, der Lebensart ihrer Einwohner und entsprechender Prägungen im Sprachgebrauch deutlich französische Bausteine in ihrer DNA subsumiert. So liest sich die Disposition im Pédale, dem Grand-Orgue, dem Positif expressif und dem Récit expressif wie jene Dispositionen Cavaillé-Colls aus der reifen Spätphase seines kunsthandwerklichen Schaffens, die so sehr von Grundtönigkeit, Kantabilität, symphonischem Pathos und klanglicher Poesie geprägt sind. Mit einer Fülle von tiefliegenden Äqualstimmen, denen singende Prinzipale, ruhige Streicher und betörende überblasende Flöte zu eigen sind, differenzierten, weil prinzipalischen, neutralen und überblasenden Kornetten, sonoren wie überblasenden Zungen und tiefliegenden Mixturen vermag die neue Hauptorgel

Bauabschnitt 2: Hauptorgel im Ostchor (Rieger Orgelbau, 2022) ▸

mit jenem „singenden Donner" zu begeistern, der auch bei ihren Patinnen so bewundert wird. Besonders das stattliche Pedalwerk versteht es dank dreier 32'-Register (Contre Violon, Soubasse, Contrebombarde), sieben 16' Stimmen und einer Reihe von Großaliquoten (Quinte 10 ⅔', Tierce 6 ⅖') den Gesamtklang fundamental zu gründen. Stilistische Erweiterungen sind sicherlich in den stattlichen Horizontalzungen, Orchester-, Solo- und Perkussionswerken zu sehen. Die „Grande Dame" verfügt gleich über sechs Register horizontaler Bauart, deren Nomenklatur nicht zufällig gewählt wurden: Die Trompettes royales 16', 8', 4' und 2' erinnern an diverse Königskrönungen im Mainzer Dom, Tuba Impérial 8' und 4' sind als Referenz an ihren Standort in den Kaiserlogen zu verstehen. Die schlankeren Trompettes verleihen dem Plenum mit ihren Dom Bedos-Mensuren schmetternden Glanz, die Tuben einen gewissen englischen Habitus. Eine willkommene Ausnahme in der deutschen Kathedralorgellandschaft und hierzulande absolut singuläre Erscheinung ist das „Orchestre": ein äußerst effektiv schwellbares Werk, das sich aus nicht weniger als sieben mit erhöhtem Winddruck anspielbaren Streichregistern und einer durchschlagenden Clarinette zusammensetzt. Es ist nicht nur für äußerst aparte Klangwirkungen einsetzbar, sondern kann vor allem auch eine außergewöhnliche Zeichnungsfähigkeit im Grundstimmenklang in der herausfordernden Akustik der Jahrtausendkathedrale sicherstellen, zumal die „floating manuals" freie Zuordnungen aller Teilwerke zu den vier Manualen erlauben und so höchst flexibel miteinander kombiniert werden können. Besonderer Erwähnung bedürfen auch die weiteren Hochdruckregister wie Concert Flutes (8' über Eck und 4' gegenüberliegend labiert), Stentor-Prinzipale, ein siebenfaches Grand Cornet (mit Septime und None), French Horn und eine große Tuba sonora. Wie Crotales und Zimbelstern am Standort Marienkapelle sorgen Chimes und Marimba für die perkussiven Additiva im Ostchor. Von der im geschlossenen Schweller kaum zu hörenden Éoline bis hin zum markerschütternden Tutti ermöglicht die neue Hauptorgel damit eine bislang für den Mainzer Dom unbekannte dynamische Variabilität, zugleich deckt sie von tiefsten Tiefen bis hin zu höchsten Höhen das gesamte Frequenzspektrum menschlicher Wahrnehmungsfähigkeit ab.

Trotz ihrer 95 Register und 6.239 Pfeifen fügt sich die Hauptorgel als größtes und gewichtigstes Teilwerk der Gesamtanlage mit vornehm zurückhaltender Noblesse in das archaische Umfeld des Ostchores ein. Dabei liegt gestalterisch ein echtes Understatement vor: Gerade einmal 27 Pfeifen werden in maximaler Bescheidenheit und makelloser Symmetrie je Arkade (also 108 bei immerhin rund 62 Quadratmetern Prospektfläche in vier Pfeifenfeldern) präsentiert – große Pfeifen im Bogenzentrum, flankiert von kleineren in gegenläufig aufsteigender Anordnung. „Ein verborgener Riese" also (Titel eines Beitrags der *Frankfurter Allgemeinen Zeitung* zur Domorgel vom 20. April 2022), der auf klassische Formprinzipien rekurriert, sich im Freipfeifenprospekt die steinernen Bögen als Gehäuse zunutze macht und so auf ein Hineinragen in den monumentalen Kuppelraum verzichtet, um die sammelnde und spiegelartig gen Langhaus reflektierende akustische Wirkung der gewölbten Konche in der Apsis des Ostchores nicht zu verschenken. Der flächenbündige Prospekt generiert lediglich durch unterschiedliche Oberflächenstrukturen und Glanzgrade in zwei Pfeifenreihen eine gewisse Tiefenwirkung und stellt in der sichtbaren Präsentation der Tuchseite des Gussmaterials schließlich auch gestalterische Bezüge zur Marienorgel her. So wird nicht nur im Klangkonzept durch eine subtil aufeinander abgestimmte Disposition, sondern auch in architektonischen Bezügen deutlich, dass es sich um *eine* Domorgel an mehreren Standorten handelt.

Dem Organisten stehen an jedem Orgelstandort nahezu baugleiche Spieltische zur Verfügung, um unterschiedlichsten liturgischen Aufgabenstellungen im West- und Ostchor bestmöglich gerecht werden zu können. Nahezu baugleich deshalb, da nur am Standort Marienkapelle eine Doppeltraktur mit mechanischer und proportionaler (!) elektrischer Spieltraktur realisiert werden konnte, da sich die West- und die Ostchororgel jeweils auf Nord- und Südseite der Chorräume aufteilen und insofern eine Mechanik hier natürlich nicht umsetzbar ist. Die proportionale Spieltraktur, eine Eigenentwicklung der Firma Rieger, muss ein anspruchsvoller Organist tatsächlich ausprobiert haben. Ihre Genauigkeit ist frappierend, die Möglichkeit zur Tongestaltung über den gesamten Tastenweg gegeben. Sie offenbart jedwede Ungenauigkeit im Spiel und ist dem Organisten während des täglichen Übens eine strenge wie hilfreiche Lehrerin. Ein mobiler Spieltisch im Langhaus ist für Konzerte in unterschiedlichsten Besetzungen gedacht – angefangen von solistischen Orgelabenden, über das Zusammenspiel mit den Dombläsern und -chören, bis hin zum Einsatz in groß besetzten Sinfoniekonzerten mit Orchester. Vier Generalspieltische also mit der benötigten Ausstattung, jeweils die gesamte Orgelanlage regieren zu können: exakt 434 Schaltelemente, vier Manualklaviaturen und eine für das Pedal; alles begeistert durch die Qualität der handwerklichen Ausführung und der verwendeten Materialien. Die Chassis stellen gestalterische Bezüge zum jeweiligen Standort her: im Ostchor durch massives, kassettiertes

Eichenholz und an der Marienkapelle durch helles Rüster, woraus auch die dem Spieler zugewandten Innenteile gefertigt wurden. Die Verwendung von Stamm- und Wurzelholz (Registerstaffeleien), Rinderknochen (Untertasten), Elforyn (Registerwippen), Eben- (Obertasten) und Kirschholz (Pedalklaviatur) geht hier eine ästhetisch wie haptisch inspirierende Korrelation ein. Auch ergonomischen Bedürfnissen wurde in besonderer Weise Rechnung getragen. So sind beispielsweise durch Radius und Art der gerundeten Registerstaffeleien alle Schaltelemente gleichermaßen gut für den Spieler zu erreichen, ohne etwa mit dem Oberkörper in diese oder jene Richtung folgen zu müssen. Technische Notwendigkeiten wie Liedanzeiger, Mediensteuerung oder Mikrofon, die zwar nichts mit dem eigentlichen Instrument zu tun haben, für den Arbeitsplatz eines liturgischen Organisten aber unverzichtbar sind, wurden elegant und unscheinbar in flächenbündig schließende Schubladen oder das bewegliche Notenpult integriert. Funktional haben zahlreiche Steuerungsmöglichkeiten Einzug gehalten, die im Orgelbau des 21. Jahrhunderts „state of the art" sind. Zu nennen sind hier etwa die Oktav- und frei definierbaren Koppeln, Werkabsteller, Äquallage ab, Sopran- und Basskoppeln, geteiltes Pedal, Registerfessel, additive und gegenseitig auslösende Sostenuti, Transposition, ein frei programmierbarer Einzelabsteller und Pizzicato. Dieses erweist sich vor dem Hintergrund der ungewöhnlichen Akustikverhältnisse des Doms mit bis zu elf Sekunden Nachhall als besonders hilfreich, um Akkordwechsel durch Sforzato-Impulse klarer zu definieren. Alle Teilwerke können nach Art so genannter „floating divisions" frei den Klaviaturen zugewiesen werden, wodurch im Vergleich zum alten sechsmanualigen (!) Domorgelspieltisch eine Reduktion der Klaviaturenanzahl erreicht und die Spieltischergonomie beträchtlich optimiert werden konnte. Über einen kapazitiven Touchscreen sind verschiedene Benutzerprofile, Titelarchive, Konzertlisten, Replay, Traktur- und Wartungseinstellungen sowie das Stimmsystem zugänglich – auch über Smartphone, um keinen Tastenhalter zu benötigen. Die simultane Verwendung mehrerer Spieltische für die unterschiedlichen Teilwerke durch mehrere Organisten kann mit dezidierten Rechtezuweisungen kontrolliert werden. Über all dies hinaus hatte ich mir einige Additiva gewünscht, die es derzeit weltweit noch nicht oder nicht in dieser Form gibt. Zu nennen sind in diesem Zusammenhang die Altkoppel, die es ermöglicht, neben bewährten Choralbegleitungstechniken wie dem obligaten Sopran-, Tenor- oder Bass-Cantus-Firmus-Spiel nun auch die zweithöchste gespielte Stimme exponierter zu registrieren.

Die Anzahl von neun schwellbaren Teilwerken führte zur Überlegung und Umsetzung, analog zu den oben genannten „floating divisions" auch die Balanciertritte zu „floaten". Zwar können die Schwellwerke den Tritten auch über eine Matrix am Touchscreen zugeordnet oder gemeinsam mit einem einzigen solchen geöffnet oder geschlossen werden. Neu und intuitiv zugleich ist aber die klaviaturbezogene Abhängigkeit, die es ermöglicht, diejenigen Tritte zu verwenden, deren römische Bezifferung dem Manual entspricht, auf dem der Organist aktuell spielt – und zwar unabhängig davon, welche Teilwerke er dieser Klaviatur zuvor zugewiesen hat. Folglich konnten drei Tritte eingespart werden, obwohl alle neun Schwellwerke dennoch komfortabel mit sechs gesteuert werden. Auch den Wunsch nach einem „Pianopedal", das – anders als die vom Orgelbau der deutschen Romantik bekannte Zu- oder Abschaltung von Manualkoppeln durch Manualwechsel – *individuelle* Pedalregistrierungen für jedes Manual ermöglicht, hat die Firma Rieger umgesetzt. Insbesondere vor dem Hintergrund der Dreiteiligkeit des Instruments wäre es doch schade gewesen, die Teilwerke im West- und Ostchor sowie an der Marienkapelle schnell und flexibel zwar klanglich durch Manualwechsel gegenüberstellen zu können, während das Pedal hingegen starr verortet bleibt. Oder anders ausgedrückt: Ein Manualspiel auf der Westchororgel mit gleichzeitigem Pedalspiel auf der Ostchororgel kann reizvoll sein, ist aber sicher eher in seltenen Fällen musikalisch sinnvoll. Besonderer Erwähnung bedarf auch die weltweit erstmalig umgesetzte zeitliche Synchronisationsmöglichkeit verschiedener Orgelteilwerke auf frei via Touchscreen im Domgrundriss definierbare Domkoordinaten. Hintergrund für meinen dahingehenden Wunsch waren die gewonnenen Erfahrungen im zwölfjährigen Umgang mit der alten Domorgel, die aufgrund ihrer Aufteilung auf mehrere Standorte nirgends im Dom ein geschlossenes Klangbild vermitteln konnte. Wie auch in vielen anderen Kathedralen mit mehrteiligen Orgelanlagen musste man sich unweigerlich mit permanenten, der akustischen Trägheit des Schalls zuzuschreibenden Echoeffekten arrangieren. Braucht Schall für 333 Meter eine Sekunde, so benötigt ein Ton, der im Westchor erzeugt wird, eine Drittelsekunde, bis er den Ostchor erreicht (und umgekehrt). Die nächstgelegene Orgel erreicht das Ohr also am schnellsten, meistens wird dies für den Dombesucher die Marienorgel sein. Es galt also, vor allem dieses Teilwerk auf unterschiedliche Gemeinde-, Publikums- oder Mikrofonpositionen zu synchronisieren. Wenngleich das mit etwas Überzeugungsarbeit verbunden war, da das bisherige Bemühen bei technischen Neuerungen in der Ansteuerung orgelbauerseits stets

Schnelligkeit und Verzögerungsfreiheit zum Ziel hatte, so war es am Tag des Updates (die Orgel ist zu Gunsten von Fernwartung dauerhaft mit dem Internet verbunden) ein klangliches Aha-Erlebnis, ein Paradigmenwechsel, ein Unterschied wie Tag und Nacht! Plötzlich waren nicht mehr verschiedene Orgeln zu hören, sie verschmolzen im Zusammenspiel zu einer. Viel Technik, die vor allem Folgendes zum Ziel hat: bestmögliche Übersichtlichkeit und Ergonomie, intuitives Spiel und bestmögliche klangliche Ergebnisse für Organisten jeder Generation. Zahlreiche Funktionen können klanglich bereichernd eingesetzt werden, müssen es aber freilich nicht. Die Mainzer Domorgelspieltische halte ich aktuell für die besten ihrer Art, sie werden sicherlich vielen künftigen Auftraggebern zum Vorbild dienen.

Wie schön und erfüllend es ist, die langjährigen Planungen in die Tat umgesetzt zu sehen und zu hören, durften alle Verantwortlichen mit Tausenden von Gästen im Rahmen eines Orgelweihe-Triduums erleben. Rund hundert Jahre nach der letzten Domorgelweihe, die im Zusammenhang mit der Wiederweihe des Doms im Jahr 1928 im Pontifikalamt durch den damaligen Apostolischen Nuntius Eugenio Pacelli und späteren Papst Pius XII. vorgenommen wurde, war es am 21. August 2022 Bischof Dr. Peter Kohlgraf, der die neue Mainzer Domorgel nachmittags im Rahmen einer Pontifikalvesper weihen und feierlich ihrer Bestimmung übergeben konnte. Den Moment, als ich nach dem bischöflichen Weihegebet mit anschließendem Anstimmen des „Te Deum" erstmalig vor großer Öffentlichkeit in solemner Registrierung gemeinsam mit der sichtlich ergriffenen Gemeinde im Lied „Großer Gott, wir loben Dich" und anschließender Toccata aus der V. Symphonie Charles-Marie Widors als Coda das Lob Gottes zum Ausdruck bringen durfte, werde ich sicherlich nie vergessen: krönender Abschluss einer 36 Jahre währenden Genese mit Planungen, Sitzungen, Gutachten, Wettbewerben, Symposien, Entwürfen, Modellen, Verwerfungen, Höhen und Tiefen, Diskussionen, Resignationen, Richtungs- und Personalwechseln, Bauzeiten. Nach dem Gottesdienst gab es reichlich Grund, mit allen Anwesenden im Kreuzgang des Doms auf das gelungene Werk anzustoßen und für das erste Festkonzert zu stärken, für das ich Werke von Johann Sebastian Bach, Guy Bovet und Julius Reubke vorbereitet hatte. Als besonderen Höhepunkt durften sich die Konzertbesucher auf den Bischof selbst am Spieltisch freuen, der gemeinsam mit zwei Schlagzeugern und mir Maurice Ravels *Boléro* und eine Suite Robert Cundicks interpretierte. Zuvor führte Domdekan Henning Priesel in das Konzert ein und zeigte im Gespräch mit Wendelin Eberle (Rieger Orgelbau) und Simon Hebeisen (Goll Orgelbau) Besonderheiten auf, gab Hintergründe und Anekdoten preis, richtete einen Blick in die Zukunft des weiteren Projektverlaufs und brachte seinen Dank für alle getane Arbeit und eingegangene Unterstützungen und Zuwendungen zum Ausdruck. Dieser sollte sich dann am späteren Abend auch noch in einem Empfang mit gutem Essen und Trinken manifestieren. Am darauffolgenden Montagabend waren es gleich drei Organisten, die der neuen Mainzer Domorgel unzählige Facetten mit Werken von Johann Sebastian Bach, Maurice Duruflé, Mauricio Kagel, Max Reger und Improvisationen entlocken sollten, nämlich die drei an Rieger- und Goll-Orgeln amtierenden Organisten Sebastian Küchler-Blessing (Rieger-Orgel Essener Dom), Ulfert Smidt (Goll-Orgel Marktkirche Hannover) und der Verfasser dieses Beitrags (Rieger- und Goll-Orgel Mainzer Dom). Am Dienstagabend neigte sich das Triduum schließlich mit einem Rezital des Titularorganisten der Kathedrale Notre-Dame de Paris, Olivier Latry, zu einem fulminanten Ende. Wie auch an den zwei Tagen zuvor war der Dom bis auf den allerletzten Platz gefüllt, wieder war Lob und Anerkennung für Künstler und die zahlreich vertretenen Orgelbauer durch begeisterte Gesichter, euphorische Stimmung und lang anhaltende, stehende Ovationen spürbar.

So wurde eindrücklich klar, dass die Orgelbaufirmen Rieger und Goll nicht nur die Erwartungen der Domorgelkommission und des Auftraggebers weit übertroffen und völlig neue Klänge im tausendjährigen Dom erfahrbar gemacht haben. Orgeln gelten gemeinhin als Königinnen unter den Instrumenten. Im Mainzer Dom ist nun eine Kaiserin eingezogen. Sie sucht hinsichtlich ihrer Konzeption, Konstruktion, Innovation, der kunsthandwerklichen Ausführungsqualität und klanglichen Noblesse international ihresgleichen und bestätigt einmal mehr die Vorrangstellung ihrer Erbauerfirmen. Nach 35 Jahre währenden Überlegungen, Planungen, Symposien, Wettbewerben, Sitzungen und Fundraisingbestrebungen wird mit der neuen Mainzer Domorgel ein lang gehegter Wunsch Wirklichkeit: Ein Jahrhundertprojekt für den tausendjährigen Dom, das Wahrzeichen der Medien-, Universitäts-, Bistums- und Landeshauptstadt am Rhein. Ein erhabenes Instrument in klingender Dreifaltigkeit – zur Freude der Menschen und zum Lob Gottes!

EIN RÜCKBLICK ... AUF DEN LANGEN WEG ZUR NEUEN DOMORGEL

WENDELIN EBERLE UND SIMON HEBEISEN

Ein denkwürdiger Tag, der 21. August 2022: der Weihetag der neuen Domorgel!

Für uns Orgelbauer ist es vor allem ein Tag großer Freude und tiefer Dankbarkeit ... ein wenig aber auch des Wehmuts und des Abschieds: Wird mit diesem großen Ereignis doch nicht nur ein Jahrhundertwerk seiner vornehmen und edlen Bestimmung übergeben, sondern nimmt auch ein langer Weg des gemeinsamen Schaffens sein (vorläufiges) Ende. Ein Weg voller Herausforderungen, begleitet von vielen Momenten des Glücks über das schon Erreichte, aber auch der erwartungsvollen Spannung über das noch Kommende, bei dem naturgemäß Enttäuschungen und Rückschläge nicht ausblieben.

Nachdem die letzten Akkorde des unvergesslichen Weihefests und der fulminanten Konzerte im Nachhall des Doms leise verklungen sind und sich eine innere Ruhe Raum geschaffen hat, dürfen wir dankbar zurückblicken. Zurückblicken auf die Anfänge ...

Für die Firma Rieger war dies der Frühsommer 2005, also vor nunmehr genau 17 Jahren! Mit Freude und großer Erwartung nahmen wir damals die Einladung des Domdekans Herrn Heckwolf und des Domorganisten Herrn Schönberger an, am Ideenwettbewerb zur neuen Domorgel teilzunehmen. Ein erster Besichtigungstermin im August des Jahres offenbarte uns aber sehr schnell und eindrücklich, welche Herausforderungen uns hier erwarten würden. Wir wollten uns diesen aber gerne stellen und so überlegten wir in den darauffolgenden Wochen intensiv, wie eine neue Domorgel(anlage) nach unserem Empfinden aussehen könnte.

Eines war – und nicht nur uns – von Anfang an klar: Mit nur einer Orgel an einem Standort im Dom kann dieser riesige Raum niemals angemessen beschallt werden. Es galt also nicht nur, die am besten geeigneten Standorte für die neue Orgel zu bestimmen, sondern auch ein künstlerisches Konzept zu erarbeiten, in dem die einzelnen Teilwerke musikalisch miteinander bestmöglich korrelieren können. Vor allem musste der sehr besonderen Situation im Mainzer Dom mit zwei liturgisch genutzten Chorräumen am östlichen und am westlichen Ende des 110 m langen Kirchenraums Rechnung getragen werden. Das waren auch für uns gänzlich neue und zugegebenermaßen durchaus respekteinflößende Dimensionen, mit denen wir es da zu tun hatten.

Dass es zudem ob der Geschichtsträchtigkeit und Komplexität des Raums nicht ganz einfach werden würde, eine allseits akzeptable Schnittmenge zwischen Kirchenmusik, Liturgie und Denkmalschutz zu finden, war anzunehmen. Dass dieser Prozess sich aber auf mehr als ein Jahrzehnt erstrecken würde, haben wir damals (Gott sei Dank!) nicht geahnt. Uns wurde dann auch sehr bald klar, warum frühere Bemühungen zur Planung einer neuen Orgel zu keinem umsetzbaren Ergebnis geführt hatten.

Allen Herausforderungen zum Trotz konnten wir unseren Vorschlag zum geplanten Abgabedatum am 22. Oktober 2005 termingerecht einreichen und harrten dann gespannt des weiteren Geschehens. Da es sich ja um einen Ideenwettbewerb und keine verbindliche Ausschreibung handelte, waren die Vorgaben seitens der Verantwortlichen des Doms auf ein Minimum beschränkt und sehr offen formuliert, was uns sowohl für die visuelle als auch die klangliche Gestaltung größtmöglichen Freiraum ließ. Dennoch war uns die dem Wettbewerb vorausgegangene Evaluierung der damals möglich scheinenden Standorte eine große Hilfe. Vor allem die dabei durch Klangproben mit Instrumentalisten gewonnene Erkenntnis, dass sich der damals leere Raum über dem Eingang des Marktportals akustisch sehr gut für einen der Orgelstandorte eignet, war laut Domorganist Schönberger gegenüber früheren Überlegungen neu und sollte unbedingt in den auszuarbeitenden Konzepten berücksichtigt werden.

Zwar war uns die Akustik des Doms durch das Hören mehrerer Orgelkonzerte sehr wohl vertraut, frühere Erfahrungen haben uns aber gelehrt, dass Vorsicht geboten ist, von bestehenden Instrumenten (und ihren Schwächen) auf Zukünftiges zu schließen. Wir wollten also nichts dem Zufall überlassen und haben „unsere" Orgel auf gleich sieben Standorte aufgeteilt, um im gesamten Dom ein möglichst ausgewogenes Klangbild zu schaffen. So sollten Teile der Orgelanlage auf der Nord- und Südchorette, über dem Marktportal, beidseits des Stiegenaufgangs zum Ostchor sowie in der nördlichen und südlichen Obergadenkapelle untergebracht werden – allesamt spielbar von einem zentralen fünfmanualigen Spieltisch auf der Nordchorette.

Gar nicht in unsere Überlegungen mit einbezogen haben wir damals den Standort hinter dem Chorgestühl des Westchors. Zwar waren dort Teile des bestehenden Orgelwerks untergebracht und auch die Vorgängerorgel von 1928 war dort platziert gewesen, aber diese Situation hinter dem geschlossenen Chorgestühl schien uns für eine neue Orgel nicht wirklich reizvoll, und die Chöre könnten ja auch sehr gut mit unserer Chorettenlösung begleitet werden.

Laut Einladung war im Lauf des Novembers eine persönliche Präsentation vor der mehrköpfigen Orgelkommission, bestehend aus international renommierten Domorganisten, dem Domdekan und Vertretern des Denkmalamts, geplant, wozu es aber auf Grund einer Verfahrensänderung nicht kam. Stattdessen wurden die eingereichten Vorschläge von der Kommission anonymisiert begutachtet, diskutiert und wohl auch bewertet. Was die Orgelkommission von unserem eingereichten Vorschlag hielt, haben wir aber leider nicht erfahren. Es sollte dann mehr als ein halbes Jahr vergehen, bevor wir im Sommer 2006 zu einem neuen Ortstermin eingeladen wurden. Aber auch dazu kam es nicht, und dann …

… vergingen fünf lange Jahre, bevor wir im Spätsommer 2011 wieder aus Mainz hörten. Mittlerweile war Domorganist Schönberger bereits im Ruhestand und sein Nachfolger Daniel Beckmann seit gut einem Jahr im Amt. Er war es denn auch, der uns telefonisch kontaktierte, um nachzufragen, ob wir überhaupt noch bereit wären, uns ein weiteres Mal zu engagieren und an einem Wettbewerb teilzunehmen, der „in nicht allzu ferner Zukunft" ausgelobt werden sollte. Da uns die Situation im Mainzer Dom ja bereits bestens vertraut war und das Projekt für uns nichts an seiner Faszination verloren hatte, bekundeten wir unser grundsätzliches Interesse zur Teilnahme. Es sollte also ein weiteres Kapitel in Sachen „Mainzer Domorgel" aufgeschlagen werden.

Wie der Zufall so spielt, saßen wir – die Kollegen Wendelin Eberle (Orgelbau Rieger) und Simon Hebeisen (Orgelbau Goll) – einige Wochen später „auf einen Kaffee zusammen", wie man hierzulande so schön sagt, und tauschten uns über Gott und die (Orgel-)Welt aus. Unter anderem kamen wir dabei auf Mainz zu sprechen und ganz offensichtlich hatte auch die Firma Goll unlängst einen Anruf von Herrn Beckmann mit der gleichen Anfrage erhalten.

So entstand sie: die spontane Idee, als Bietergemeinschaft in diesen Wettbewerb zu gehen. Eine Idee zu haben ist das eine, die praktische Umsetzung aber ganz etwas anderes. Wie könnte denn so eine Zusammenarbeit zweier Firmen aussehen, die es sonst gewohnt sind, unabhängig und autonom zu arbeiten? Die freundschaftliche und sehr wertschätzende Verbundenheit von uns Geschäftsführern war wohl eine sehr gute Basis für dieses Vorhaben, aber sicher nicht ausreichend Grund dafür. Zudem stehen sowohl Rieger als auch Goll grundsätzlich Kooperationen skeptisch gegenüber, und das aus gutem Grund. Beide Firmen können auf eine sehr lange Tradition und entsprechende Erfahrung zurückblicken und beide Firmen sind auf Grund ihrer jeweiligen Firmenstruktur in der Lage, auch größere Orgelprojekte eigenständig auszuführen – und haben das auch bei zahlreichen Instrumenten unter Beweis gestellt.

In Mainz würde es aber wohl nicht um eine „etwas größere" Orgel gehen, sondern um eine „sehr große" Orgel, die zudem auf mehrere Standorte aufgeteilt sein würde. Darin sahen wir denn auch den besonderen Reiz. Das bot uns die Gelegenheit, unsere beiden Erfahrungen einzubringen und gemeinsam ein umfassendes Konzept für eine entsprechende Orgelanlage auszuarbeiten, und gleichzeitig die Umsetzung – sollte es denn jemals dazu kommen – so aufzuteilen, dass jede Firma einen bestimmten Teil der Orgelanlage übernimmt, und zwar von der Herstellung bis zur Intonation. Über die Details der Zusammenarbeit wollten wir uns konkrete Gedanken machen, wenn eine Ausschreibung vorlag und uns Näheres über das geplante Projekt bekannt war.

Der Wettbewerb – erste Runde

Ein Jahr später war es dann so weit. Im Spätherbst 2012 erhielten wir die Einladung zur Teilnahme am Wettbewerb zur neuen Domorgel. Der Ausschreibungstext umfasste volle elf Seiten, und ganz offensichtlich hatte der neue Domorganist, Herr Beckmann, recht genaue Vorstellungen darüber, wie die neue Orgel(-anlage) werden sollte. Kurz zusammengefasst: Die Orgel soll an drei Standorten, nämlich im Westchor hinter dem Chorgestühl, über dem Eingang des Marktportals und in den Oberkapellen des Ostchors platziert werden. Jeder dieser Standorte soll einen eigenen Spieltisch erhalten. Ein weiterer, mobiler ‚Konzertspieltisch' war für das Kirchenschiff angedacht. Kein Dispositionsvorschlag, wohl aber der Hinweis, dass sich die in der aktuellen Orgelanlage verstreuten Register der Klais-Orgel von 1928 möglichst im Westchor, wo sie ursprünglich einmal standen, wiedervereinen sollten. Somit war klar, dass ein Teil der Aufgabe darin bestand, histori-

Ein Rückblick ... auf den langen Weg zur neuen Domorgel

Wendelin Eberle und Simon Hebeisen

Ein Rückblick ... auf den langen Weg zur neuen Domorgel

Hoher Dom zu Mainz
Marien-Orgel, Eingang Marktportal

Wendelin Eberle und Simon Hebeisen

Hoher Dom zu Mainz
Stephans-Orgel (Arkaden Oberkapelle Nord)

Wendelin Eberle und Simon Hebeisen

sches Pfeifenmaterial zu restaurieren und musikalisch in das neue Gesamtkonzept zu integrieren. Eine spannende Geschichte also, der wir mit Freude entgegensahen.

Nun war der Zeitpunkt gekommen, um die klare Aufteilung der Aufgaben und der Verantwortlichkeiten zwischen den beiden Firmen Rieger und Goll zu treffen. Auf Grund der Firmengrößen und der jeweiligen internen Betriebsstrukturen kamen wir überein, dass die Fa. Goll den Bau der mechanischen Orgel über dem Eingang des Marktportals, die Fa. Rieger die Herstellung der Orgel in den Ostchorkapellen und derjenigen im Westchor hinter dem Chorgestühl übernehmen soll. Ebenso übernimmt Rieger die Fertigung der vier Spieltische, die nicht nur funktionsidentisch und weitgehend baugleich, sondern auch mit dem von Rieger entwickelten elektronischen Steuersystem ausgestattet sein sollen.

Ein intensiver Schaffensprozess begann und die folgenden Monate waren nebst unzähligen Telefongesprächen geprägt von mehreren Treffen in Schwarzach (Rieger) und Luzern (Goll). Gemeinsam haben wir ein klangliches Konzept erarbeitet, das zum Ziel hatte, den drei Standorten auf Grund ihrer individuellen – und durchaus sehr verschiedenen – Aufgaben größtmögliche musikalische Eigenständigkeit zu gewähren, gleichzeitig aber die gesamte Anlage klanglich als ein zusammenhängendes, großes Instrument zu sehen. Wir übertitelten dies in unserem Angebot mit „Drei Standorte – eine Orgel". So kamen wir denn auf die stattliche Registerzahl von knapp 200 Stimmen: jede von ihnen wohlüberlegt und einer bestimmten Aufgabe zugeordnet – so jedenfalls unsere Überzeugung.

Mindestens genauso spannend wie die Erstellung des klanglichen Konzepts erwiesen sich die Überlegungen zur äußeren Gestaltung der Orgel. Was wäre ... wenn wir gänzlich auf sichtbare Prospektpfeifen verzichten würden? Können wir einen solchen Vorschlag überhaupt wagen – eine Domorgel ohne sichtbare Pfeifen? Zugegeben, unser Gefühl war zwiegespalten, aber wir fanden die Idee so spannend, dass wir es riskieren wollten. Und zwar in Form von farblich gestalteten, horizontalen Glaslamellen, die in ihrer Gesamtwirkung den Eindruck großer Kirchenfenster vermitteln sollten. Pate hierfür stand das 2006 von Prof. Schreiter gestaltete neue Fenster in der Sakramentskapelle.

Damit aber letztlich nicht nur wir, sondern auch die 13-köpfige Orgelkommission von dieser Idee überzeugt sein wird, haben wir neben den üblichen 3-D-Renderings zusätzlich noch eine aufwendige Videosequenz als virtuellen Flug durch den Dom erstellt, um die Standorte Marktportal und Ostchor von allen möglichen Ansichten darstellen zu können.

Auch in Hinblick auf die technische Konzeption haben wir Ungewohntes vorgesehen. Um die limitierten Platzressourcen bestmöglich nutzen zu können, sollten sowohl die mechanischen Schleifladen am Standort Marktportal als auch die Registerkanzellen-Laden hinter dem Chorgestühl im Westchor trapezförmig ausgeführt werden.

In der Überzeugung, allseitig gut vorbereitet zu sein, haben wir uns dann Mitte April 2013 zur Präsentation unseres Vorschlags vor der Orgelkommission in Mainz eingefunden. Anfänglich verlief diese auch recht gut ... bis ... ja, bis es um die Gestaltung der Orgel ging. Der entsetzte Gesichtsausdruck und das leichte, horizontale Kopfschütteln des Domdekans während unseres Films schienen nichts Gutes zu verheißen! Und er war es auch, der unmittelbar danach das Wort ergriff mit der Frage: „Und wer bitte soll das in Zukunft reinigen?" Der Ton, in dem dies geschah, ließ allerdings keinen Zweifel darüber, dass es sich nicht um eine Frage, sondern eine ganz klare und unmissverständliche Absage an unsere ‚brillante' Idee des gläsernen Orgelprospekts handelte, was mit zwei weiteren Sätzen untermauert wurde. Mit vielem hatten wir gerechnet, aber ganz bestimmt nicht damit!

Zugegeben, wir (und allem Anschein nach nicht nur wir) waren ob dieser Situation derart perplex, dass wir Mühe hatten, die Fassung zu bewahren und unsere Präsentation zu Ende zu bringen. Entsprechend enttäuscht (um nicht zu sagen frustriert und verärgert) haben wir dann im Anschluss unsere Heimwege nach Schwarzach und Luzern angetreten.

Der Wettbewerb – zweite Runde

Unsere Stimmung gegenüber dem Mainzer Domorgelprojekt hellte sich erst wieder etwas auf, als wir Anfang September ein Schreiben von Domdekan Heckwolf erhielten, in dem er uns einlud, an der zweiten Wettbewerbsrunde teilzunehmen, die für Anfang November geplant war. Wenig überraschend ging es in dem beigefügten Kriterienkatalog vor allem um die äußere Gestaltung der Orgel. Demnach schien unser klangliches und technisches Konzept weit mehr überzeugt zu haben als das gestalterische.

Dieses Mal hieß es im Kriterienkatalog explizit, dass die Prospektgestaltung mit ‚sichtbarem Pfeifenwerk' gewünscht wird. Dem haben wir denn auch Rechnung getragen und einen neuen Gestaltungsvorschlag ausgearbeitet, der die „Schallwelle" zum Thema hatte. Gleich der beim Musizieren im Raum sich ausbreitenden und sich überlagernden Schallwellen sollten diese sich im Orgelprospekt in Form von wellenartigen Gehäuselinien und entsprechenden Pfeifen- und Labien-Verläufen widerspiegeln.

Wendelin Eberle und Simon Hebeisen

Ein Rückblick ... auf den langen Weg zur neuen Domorgel

Hoher Dom zu Mainz
Standort Marktportal - Gesamtansicht

Wendelin Eberle und Simon Hebeisen

Ein Rückblick ... auf den langen Weg zur neuen Domorgel

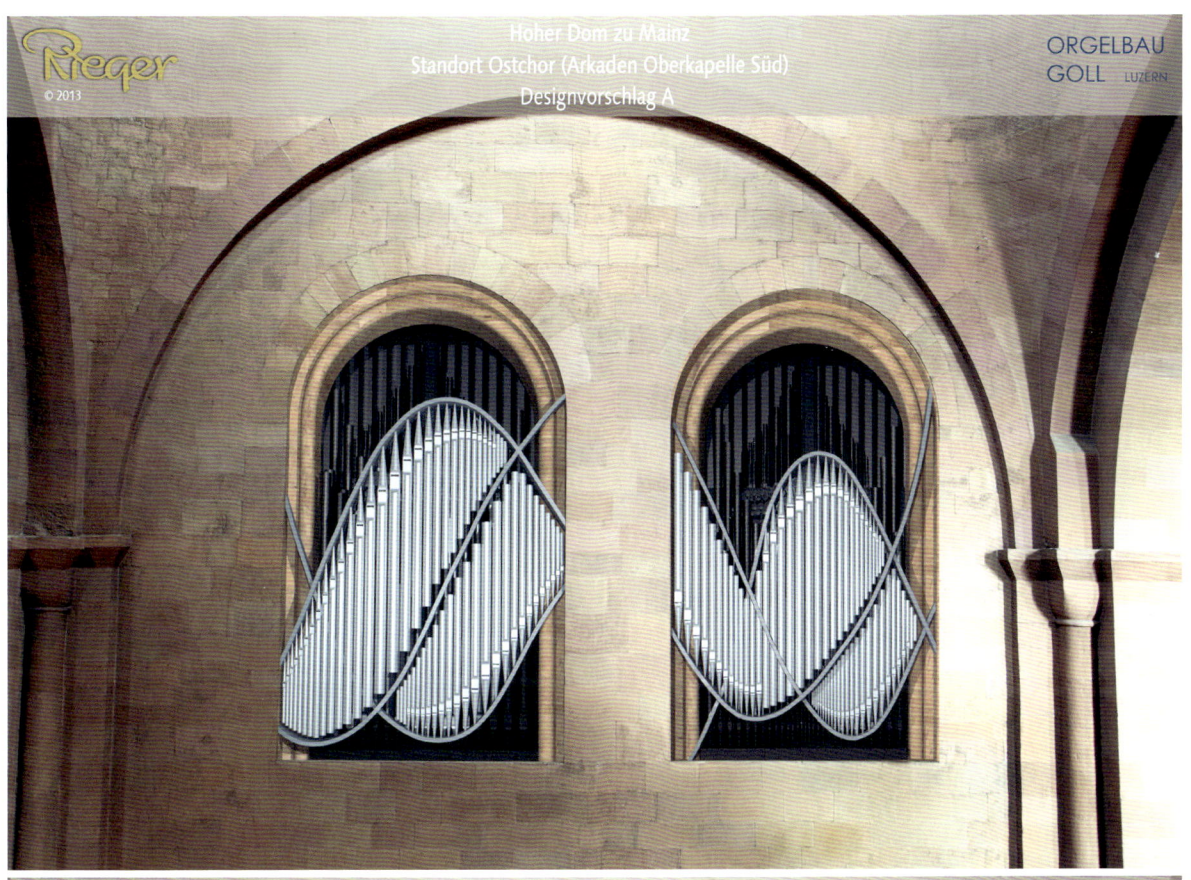

Ein Rückblick ... auf den langen Weg zur neuen Domorgel

Hoher Dom zu Mainz
Standort Ostchor (Arkaden Oberkapelle Süd)
Designvorschlag A

Wendelin Eberle und Simon Hebeisen

Obwohl wir auch diese Gestaltung spannend und interessant fanden, so gaben wir uns ob unserer Erfahrungen doch nicht leichtfertig der Annahme hin, dass sie deswegen auch der Orgelkommission und ihrem Vorsitzenden, dem Herrn Domdekan, gefallen würden.

Wenngleich wir uns für die neuerliche Präsentation am 20. November 2013 gut vorbereitet wähnten, so war unsere Anspannung doch groß. Wie würde die Reaktion dieses Mal ausfallen? Als es denn darum ging, den neuen Entwurf vorzustellen und wir als Einstieg zur Präsentation nochmals den vorherigen ‚Glaslammellen-Entwurf' auf der Leinwand zeigten, hörten wir den Herrn Domdekan halblaut sagen: „Jetzt kommen die schon wieder mit dem Glas!", was unsere bereits erhöhte Pulsfrequenz nochmals gehörig ansteigen ließ.

Aber schon bei der nächsten Bildsequenz entspannten sich die Gesichtszüge der uns gegenübersitzenden Kommissionsmitglieder ein wenig und schon bald ergab sich eine recht lebendige, aber auch kontroversielle Diskussion über den neuen Gestaltungsvorschlag. Immerhin keine spontane und absolute Ablehnung! Verglichen mit dem ersten Mal empfanden wir das schon als einen gewissen Erfolg. Dennoch war sehr bald klar, dass auch diese Gestaltungsidee nicht die gesamte Kommission hinter sich vereinen kann und es wohl noch mindestens einen weiteren Anlauf wird geben müssen.

Was uns aber bei dieser Präsentation in jedem Fall gelungen zu sein schien, war, das Vertrauen der Orgelkommission und auch das des Herrn Domdekan gewonnen zu haben – Anlass genug, uns bei einem gemeinsamen Essen ein gutes Gläschen Wein zu gönnen, bevor wir uns in Richtung heimische Gefilde aufmachten. Es folgten Wochen des angespannten Wartens. Ein neues Jahr hielt Einzug ... und ... nichts ... Doch dann, eines schönen Vormittags im Frühjahr 2014, rief uns Herr Domdekan Heckwolf persönlich an, um uns mitzuteilen, dass sich das Domkapitel auf Empfehlung der Orgelkommission darauf verständigt hat, mit der Bietergemeinschaft Rieger/ Goll als Gewinner des Wettbewerbs in konkrete Ausarbeitungs- und Verhandlungsgespräche treten zu wollen.

Unsere Freude war entsprechend groß, und am liebsten hätten wir, voller Ungeduld, gleich mit der Planung und dem Bau der Orgel begonnen. Dass dieser Prozess aber noch mehrere Jahre in Anspruch nehmen würde, hätten wir uns damals nicht träumen lassen. Im Abstand von jeweils mehreren Monaten und dazwischenliegenden, intensiven Arbeitsphasen folgten eine Reihe von Treffen und Gesprächen in Mainz, in denen einerseits das klangliche Konzept diskutiert, verfeinert und schließlich finalisiert wurde, in denen aber auch alle technischen Belange und die Gestaltung der Orgeln an den verschiedenen Standorten thematisiert wurden. Aber alles der Reihe nach ...

Schon beim ersten Treffen in Mainz stellte Herr Heckwolf klar, dass die einzelnen Teilwerke Marktportal, Ostchor und Westchor, wie sie von nun an genannt wurden, als unabhängige Aufträge vergeben werden, und zwar in genau dieser Reihenfolge und auch nur dann, wenn deren individuelle Finanzierung gesichert ist. Die Spieltische werden zusammen mit den Teilwerken, der Konzertspieltisch separat beauftragt. Lediglich die Planung soll alle Teilwerke und alle vier Spieltische, also die gesamte Orgelanlage, umfassen.

Bevor nun das nächste große Etappenziel – die eigentliche Auftragsvergabe mit Vertragsunterzeichnung – angegangen werden konnte, galt es, im Detail auszuarbeiten, was genau die einzelnen Bauabschnitte, respektive Teilwerke, beinhalten werden. Und hier spielt natürlich die Disposition, also die Zusammenstellung der Register, eine zentrale Rolle.

Generalspieltisch am Standort Marienkapelle/Marktportal

Finalisierung der Disposition und Planung der Spieltische

So waren denn auch die folgenden Treffen ganz dem Thema Klangkonzept, Disposition und Gestaltung der Spieltische gewidmet. Als Grundlage dazu diente das von uns für den vorangegangenen Wettbewerb ausgearbeitete musikalische Konzept, das nicht nur bei Herrn Beckmann, sondern auch bei den Organisten der Orgelkommission Anklang fand.

Dieses Konzept sah an den drei vorgegebenen Standorten vor, dass die beiden Orgelwerke im Ostchor und Westchor in ihrer klanglichen Stilistik sehr charakteristisch sein sollen. Die räumlich dazwischenliegende Orgel über dem Marktportal hingegen wird stilistisch neutral gehalten sein, um das klangliche Bindeglied zu den beiden anderen Standorten bilden zu können.

Zudem kam der Marktportalorgel auf Grund ihres idealen Standorts im Raum und der dadurch gegebenen klanglichen Präsenz die besondere und vornehme Aufgabe der Begleitung der Liturgie und Führung des Gemeindegesangs zu. Der exponierte Standort barg durch seine unmittelbare Nähe zu den Kirchenbesuchern aber auch Risiken, weshalb eine gewisse Vorsicht in Bezug auf die Klangintensität dieses Teils der Orgel geboten war. Sie war mit den von uns vorgesehenen 47 Registern das kleinste der drei Teilwerke, was nicht zuletzt auch dem sehr beschränkt zur Verfügung stehenden Platzangebot über dem Eingangsbereich des Marktportals geschuldet war.

Die Orgel im Ostchor war von uns mit 94 Registern als das größte der drei Teilwerke der Orgelanlage vorgesehen und sollte vor allem die Aufgabe der Fest- und Konzertorgel übernehmen. Sie musste in der Lage sein, mit einem sehr großen Klangspektrum und einer ausgeprägten Klangdynamik musikalisch all das zu bieten, was heute bei großen liturgischen Anlässen und bei Orgelkonzerten an so einem prominenten Platz von einer anspruchsvollen und zeitgemäßen Kirchenmusik erwartet wird. Sie wollten wir in ihrem klanglichen Kern an die Stilistik der französischen Orgel des späten 19. Jahrhunderts anlehnen. In unserer Vorstellung sollte die ‚Ostchororgel' nach dem Vorbild berühmter französischer Kathedralorgeln auch den Mainzer Dom mit der diesem Orgeltypus so eigenen Sonorität und großen, aber ‚warmen' Klangfülle beschallen können. Um die musikalischen Möglichkeiten noch zu erweitern, haben wir den ‚französischen Kern' um einige Spezialitäten wie z.B. ein Streicherwerk ergänzt.

Für die Orgel im Westchor war die klangliche Stilistik bereits durch die geplante Wiederverwendung des Pfeifenmaterials von 1928 vorgegeben. Sie war damals im

Planungstreffen in der Montagehalle der Firma Rieger in Schwarzach. Wendelin Eberle (Mitte), Simon Hebeisen (links) und Daniel Beckmann diskutieren am 21.12.2015 am Beispiel des bis dato noch nicht ausgelieferten Spieltischs der neuen Pariser Philharmonie über ergonomische und funktionale Aspekte.

Stil der deutschen Spätromantik, aber schon mit ersten Anzeichen des einsetzenden ‚Wandels' der beginnenden Orgelreform gebaut worden. Und das sollte auch so bleiben bzw. wiederhergestellt werden, was zwischenzeitlich durch Umbauten und Veränderungen verlorengegangen war. Hierfür sollten alle 58 noch vorhandenen Stimmen von 1928 wiederverwendet und um zwei neue Stimmen ergänzt werden. Diese musikalische Ausrichtung ist denn auch ganz hervorragend geeignet, um der Kernaufgabe dieses Teils der Orgelanlage, nämlich der Begleitung und Führung der Domchöre, gerecht zu werden.

Dieses klangliche Grundgerüst mit knapp 200 vorgesehenen Registern bildete zwar eine sehr gute Basis für unsere Gespräche mit Domorganist Daniel Beckmann und wurde im Wesentlichen auch so beibehalten, es bedurfte aber dennoch einer stattlichen Zahl an gemeinsamen Treffen, bis dann schließlich die finale Disposition feststand. Wenngleich bei diesen Treffen auch durchaus sehr kontrovers zwischen Orgelbauern, Intonateuren und Kirchenmusikern diskutiert wurde, so waren sie doch ausnahmslos von gegenseitigem Respekt und konstruktiver Schaffenskraft geprägt. Vor allem aber waren sie beseelt vom gemeinsamen Willen, gemeinsam die bestmögliche Orgel für den Mainzer Dom zu planen.

Von den insgesamt 206 Stimmen entfielen 49 auf die ‚Marktportalorgel' (aufgeteilt auf fünf Teilwerke, zwei davon schwellbar), 95 Stimmen auf die ‚Ostchororgel', (aufgeteilt auf sieben Teilwerke, von denen vier schwellbar sind), und 62 Stimmen auf die ‚Westchororgel', die sich auf vier Werke aufteilen und allesamt schwellbar sein sollten. Ihr gehört auch die ehemalige ‚Kardinalstrompete' an, die fortan ‚Domtrompete' heißen würde.[1] Mit dieser Disposition war denn auch die wesentliche Grundlage für das noch ausstehende Vertragswerk geschaffen, das es nun zwischen Herrn Domdekan Heckwolf als Vertreter des Domkapitels und uns Orgelbauern auszuarbeiten galt.

Parallel zur Gestaltung der Gesamtdisposition fand auch bereits schon die Planung des Layouts der vier Spieltische statt. Wenngleich sie später sehr weit voneinander entfernt stehen und sich rein äußerlich am jeweiligen Standort orientieren würden, so stand doch außer Frage, dass ihr Layout einheitlich sein sollte. Für den Organisten darf es keinen Unterschied machen, von welchem Spieltisch aus er spielt. Alle Register und Bedieneinheiten müs-

Konferenz zur Spieltischplanung am 14.2.2019 in Schwarzach (v.l.n.r. Daniel Beckmann, Thomas Höpp, Wendelin Eberle, Georg Pfeifer, Simon Hebeisen)

sen am gleichen Platz zu finden sein, und von jedem der vier Spieltische muss die gesamte Orgelanlage ohne Einschränkung zu spielen sein. Einzig der mechanische Spieltisch der Orgel am Marktportal wird naturgemäß einigen wenigen Limitierungen unterliegen. All das hört sich einfach und logisch an, ist aber in Wirklichkeit ein sehr hoher Anspruch bei einer derart komplexen Orgelanlage und der gegebenen räumlichen Situation.

Es war denn auch keine ganz einfache Übung, ein Spieltischlayout mit insgesamt 434 Bedieneinheiten zu gestalten, das Ergonomie und Übersichtlichkeit ideal in sich vereint und bei dem jede einzelne Registerwippe und jeder Schalter in Armlänge zu erreichen ist ... Und der eigene Anspruch an eine gewisse Ästhetik und an eine ansprechende Optik macht die Sache auch nicht wirklich leichter. Hier kamen uns denn auch die Erfahrungen mit früheren großen Spieltischen zugute. Einen ganz wesentlichen Beitrag hat aber Domorganist Beckmann geleistet, der sich über jedes vermeintlich noch so kleine Detail intensiv Gedanken gemacht hat und mit unglaublicher Akribie letztlich jede Wippe und jeden Schalter genau da platziert hat, wo man ihn als Musiker intuitiv erwartet.

Auftragserteilung und Vertragsunterzeichnung

Natürlich gibt es bei einem so komplexen Bauwerk zahlreichste Aspekte zu diskutieren, zu evaluieren, zu planen, wieder zu verwerfen und schließlich eine – vorläufig definitive – Lösung zu bestimmen, die aber möglicherweise im Verlauf des Projekts noch einmal hinterfragt werden muss. Neben all diesen technischen und klanglichen Fragestellungen spielen aber auch juristische und kirchenpolitische Entscheidungen eine Rolle. So musste aufgrund einer standardisierten Vorlage und in Abstimmung mit der Rechtsabteilung des Bistums ein passender Werkvertrag ausgearbeitet werden. Zudem verzögerte die Sedisvakanz im Bistum Mainz (2016–2017) nach dem Rücktritt des langjährigen Bischofs Kardinal Karl Lehmann die offizielle Vertragsunterzeichnung und damit auch den Start der Herstellungsarbeiten. Nach der Wahl und Weihe des neuen Bischofs Peter Kohlgraf erhielt das Projekt neuen Schwung: Als besonderes Ereignis ist das denkwürdige Benefizkonzert hervorzuheben, in dem sich der neue Bischof mit dem Domorganisten zusammen an den Spieltisch der alten Domorgel setzte und mit vier Händen und vier Füßen u.a. Ravels *Bolero* interpretierte.

Wendelin Eberle und Simon Hebeisen

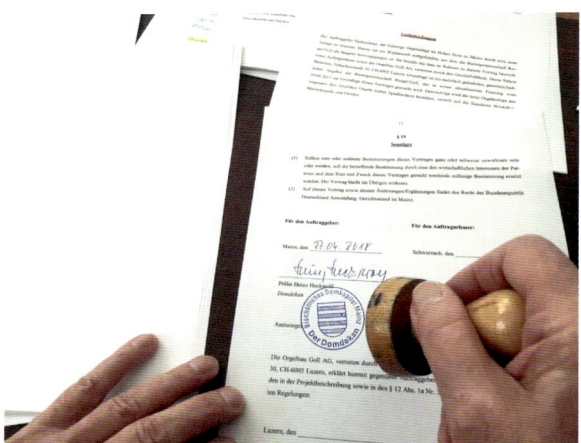

Der ehemalige Domdekan Prälat Heinz Heckwolf unterzeichnet am 27.4.2018 den Orgelbauvertrag. Damit besiegelt er das Ergebnis einer Entwicklung, an der er über einen Zeitraum von 28 Jahren – davon zehn Jahre als Dompfarrer und 18 Jahre als Domdekan – nahezu von den Anfängen bis zu seiner Emeritierung im Jahr 2021 maßgeblich teilhatte.

Die Vorsitzende des Mainzer Dombauvereins Sabine Flegel übergibt ihn am 15. Mai 2018 symbolisch an Wendelin Eberle (Rieger Orgelbau) und Simon Hebeisen (Orgelbau Goll) im Rahmen des Festakts zum 150-jährigen Jubiläum der Firma Goll im KKL Luzern, zu dem sie mit dem Vorstand des Mainzer Dombauvereins und dem Domorganisten angereist war.

Strahlende Gesichter: Wendelin Eberle, Daniel Beckmann, Theo Stauder, Sabine Flegel, Andreas Horn, Karl Josef Wirges und Simon Hebeisen (v.l.n.r.)

Im Mai 2018 war es dann endlich soweit: Der Vertrag für den ersten und zweiten Bauabschnitt (Teilwerke Marktportal und Ostchor) konnte unterzeichnet werden. Die feierliche Übergabe der Vertragsdokumente fand im Konzertsaal des KKL in Luzern aus Anlass der Jubiläumsfeier zum 150-jährigen Bestehen der Orgelbaufirma Goll statt, zu der eigens eine honorige Delegation aus Mainz angereist war.

Nun stand eigentlich nichts mehr im Wege für die zügige Umsetzung des Projekts – so dachten wir zumindest damals. Dass uns ein heimtückisches Virus mehrfach die komplexe Terminplanung zu Makulatur werden lassen würde, war nicht vorauszuahnen …

Planung und Bau der Orgel am Marktportal (1. Bauabschnitt: Goll)

Schon im November 2015 wurde seitens des Auftraggebers beschlossen, für die Gestaltung des Orgelprospekts an der Marienkapelle einen externen Gestalter beizuziehen. Prof. Thomas H. Schmitz aus Aachen fertigte einen Handskizzen-Entwurf an, der schließlich von der Kommission zur Ausführung genehmigt wurde. Schematische 3D-Zeichnungen sollten bei der Koordination von innerem Orgelwerk und Pfeifenfassade helfen. In zahlreichen Besprechungen versuchten wir Orgelbauer, die instrumentenspezifischen Anforderungen in Einklang zu bringen mit den gestalterischen Vorstellungen des Architekten, was nicht immer auf Anhieb glückte.

Während die technischen Planungen und die Herstellung der ersten Orgelteile in der Luzerner Werkstatt bereits auf Hochtouren angelaufen waren, gab es über einen längeren Zeitraum weiterhin zahlreiche Fragestellungen im Bereich der Gestaltung: Sollte der bisherige Windfang beim Haupteingang am Marktportal belassen werden oder – wie von unserer Seite her empfohlen – auch mit in die Neugestaltung integriert werden? Wie soll der Aufgang zum mechanischen Spieltisch auf der Orgelplattform erfolgen? Wie sind die Details des skizzenhaften Architekten-Entwurfs umzusetzen? Wie wirken die gewählte Materialisierung und Oberflächengestaltung im Raum? Da bei so vielen involvierten Parteien (kirchliche und staatliche Denkmalpflege, Dombauamt, Architekt, Orgelbauer, …) zwangsläufig unterschiedliche Meinungen eingebracht wurden, gestaltete sich der Entscheidungsprozess nicht ganz einfach. Um die Herstellung nicht zu verzögern, musste ein pragmatischer Weg gewählt werden: Die Ausführungsplanung wurde ab Sommer 2019 ohne Architekten weitergeführt und die vertrauensvolle Zusammenarbeit zwischen uns Orgelbauern und den Verantwortlichen des Dombauamts ermöglichte eine gezielte Entwicklung und Umsetzung der nun realisierten Lösung.

Eine große Herausforderung für die innere Planung des Instruments war der geringe zur Verfügung stehende Platz. Die für die Erfüllung der klanglichen Aufgaben an diesem Standort notwendigen knapp 50 Register (gut 3.500 Pfeifen) mussten über dem Windfang des Marktportals untergebracht werden. Zudem sollte die Orgel aus dem Gewölbe abgehängt werden, da keine Abstützung auf den Boden möglich war. Unter Einbezug eines erfahrenen Statikers und Metallbauers wurde die maßgeschneiderte Stahlkonstruktion konzipiert: An sechs Stangen (Ø 32 mm) befestigt, hängt die Plattform inklusive Organistenbalkon frei elf Meter unter dem Gewölbe. 20 t Material „schweben" über dem Windfang des Marktportals.

Um eine optimale Klangabstrahlung zu ermöglichen, wurden sämtliche Windladen in trapezförmigem Grundriss angelegt. Die Schrägpositionierung der Schwell-Fronten vom II. Manual (Positiv) und vom III. Manual (Schwellwerk) garantiert eine klare Präsenz im gesamten Raum. Diese beiden Werke sind an der nördlichen Außenwand übereinander angeordnet. In der Bogenöffnung zur Marienkapelle hin liegen über dem Spieltisch die beiden Windladen des Hauptwerks: zuerst der Diskantbereich, darüber der Bass. Durch einen Stimmgang getrennt befindet sich dahinter das Pfeifenwerk des Pedals, ebenfalls auf zwei Ebenen aufgeteilt. Die größten Pfeifen des gedeckten Untersatz 32′ und die separate Windanlage für das Großpedal und das Schwellwerk liegen ganz zuoberst im Deckenbereich. Die beiden Percussions-Register Crotales und Zimbelstern haben wir unmittelbar hinter den Prospektpfeifen des Principalbass 16′ positioniert. Bei den Crotales handelt es sich um eine in der Luzerner Werkstatt neuentwickelte Besonderheit: 30 massive Klangscheiben in Glockenbronze werden über eine spezielle Anschlagsmechanik zum Klingen gebracht (eine Art Glockenspiel, jedoch mit klar definiertem Grundton). Beim Zimbelstern werden 20 filigrane Stäbe in einer Titan-Alu-Legierung unregelmäßig in Bewegung gebracht und erzeugen dadurch ein natürliches Klang-Glitzern.

Wenngleich das Layout aller vier Spieltische identisch gestaltet war, so unterschied sich der Spieltisch am Marktportal doch in einem sehr wesentlichen Punkt, und zwar auf Grund der mechanischen Traktur dieses Teilwerks. Die Verbindungen von den Tasten zu den Tonventilen sind mechanisch ausgeführt, so dass ein subtiles Spielgefühl entsteht und der direkte Kontakt zum Entstehungsprozess des Pfeifenklangs ermöglicht wird. Um dasselbe auch von den drei anderen, rein elektrischen Spieltischen zu ermöglichen, haben wir in Abstimmung mit dem Auftraggeber beschlossen, die neuentwickelte Proportional-Ansteuerung des REA-Systems (Rieger-Elektronic-Assistance) einzusetzen. So können die Tonventile der Orgel am Marktportal von jedem der Spieltische analog der Tastenbewegung und in Echtzeit geöffnet und geschlossen werden. Anstelle von ON-OFF-Magneten (wie bei einer konventionellen elektrischen Traktur) übernehmen hier in Mainz nun kleine, hochpräzise angesteuerte Antriebe die Aufgabe der Bewegungswiedergabe.

Nach den Vorbereitungsarbeiten im Bereich des Marktportal-Windfangs und dem Einbau der abgehängten Stahlplattform im Herbst 2019 war der Beginn der Orgelmontage für Anfang März 2020 geplant. Unter tatkräftiger Mithilfe der Dombauhütten-Mitarbeiter leerte sich der Lastenzug vor dem Marktportal, während sich das abgesperrte nördliche Seitenschiff langsam mit Holz- und Kartonkisten füllte. Nach und nach wurden die für den Transport minutiös verpackten Orgelteile auf der Orgelplattform wieder so zusammengebaut, wie sie schon einmal in der Luzerner Werkstatt vormontiert waren.

Gerade eine Woche war das eingespielte Montageteam vor Ort, als sich die Corona-Situation dramatisch zuspitzte: Das gesamte Domkapitel musste in Quarantäne, der Dom wurde geschlossen und wir mussten die Montage auf unbestimmte Zeit abbrechen. All die noch nicht eingebauten Orgelteile und Pfeifen mussten so gelagert werden, dass keine Lagerschäden entstanden. Die Flexibilität der Firma wurde auf eine harte Probe gestellt, war doch von einem Tag auf den anderen die ausgeklügelte Einsatzplanung über den Haufen geworfen.

Die von Land zu Land und von Monat zu Monat unterschiedlichen Reisebeschränkungen und Quarantäneregelungen verhinderten die Wiederaufnahme der Arbeiten bis Anfang September. Nachdem der Aufbau der komplexen Innenstruktur und des zweiseitigen Orgelprospekts soweit fertiggestellt war, startete die Intonation (Mitte Oktober 2020). Nun rollte aber zum zweiten Mal die Corona-Welle an – erneut mussten wir die Arbeiten unterbrechen. Erst Anfang April 2021 reisten unsere beiden Intonateure endlich wieder nach Mainz, um die Arbeit der klanglichen Anpassung aller Pfeifen auf die besondere Akustik des Doms weiterzuführen.

Der bisher ungenutzte Standort über dem Windfang des Marktportals erweist sich als ideal: Die Positionierung praktisch in der Mitte zwischen Ost- und Westchor, in unmittelbarer Nähe zu den Zuhörern, gewährleistet eine Klarheit und Verständlichkeit des musikalischen Geschehens, so dass polyphone Strukturen und auch schnelle Passagen nachvollziehbar werden. Ein ganz neues Klangerlebnis! Am 19. September 2021 wurde das Teilwerk am Marktportal durch Bischof Peter Kohlgraf gesegnet und mit einem ersten Konzert des Domorganisten Daniel Beckmann einer sehr kleinen Schar von geladenen Gästen vorgestellt. Aufgrund der nach wie vor geltenden Corona-Bestimmungen waren lediglich 85 Personen zugelassen. Was für ein Unterschied dann knapp ein Jahr später, als anlässlich der Einweihung des zweiten Bauabschnitts (Ostchor) bei den darauffolgenden Konzerten bis zu 1.000 Personen im Dom Platz fanden …

Planung und Bau der Orgel in den Oberkapellen des Ostchors (2. Bauabschnitt: Rieger)

Entsprechend der nunmehrigen Disposition setzte sich der ‚frankophile Kern' der Ostchororgel aus den für diese Stilistik klassischen Werken Grand Orgue, Positif, Récit und Pédale zusammen. Dieser für sich schon sehr klangfarbenreiche Fundus an Stimmen wurde durch drei weitere, in ihrer Stilistik jeweils sehr charakteristische Werke ergänzt: einem Orchestre, einem Solo und einem Chamade-Werk. Sie sollen das vorhandene Klangspektrum der französisch-romantischen Orgel ins „Orchestrale" erweitern. Bei dem Erstgenannten war dies durch eine Reihe unterschiedlicher Streicherstimmen in allen Tonlagen, bis hin zur Klangkrone, gedacht. Dem Solo-Werk haben wir eine Anzahl an charakterlich sehr ausgeprägten, solistischen Stimmen zugeteilt, und das Chamade-Werk sollte mit der Strahlkraft einer Batterie an horizontalen Zungenstimmen in der Lage sein, dem vollen Orgelklang die Krönung zu verleihen. Das nunmehr orchestral-symphonische Konzept wurde noch untermauert, indem vier der Teilwerke schwellbar geplant waren.

Die beidseitig hoch über dem Ostchor gelegenen Oberkapellen mit ihren zwei sich gegenüberliegenden (vermeintlich kleinen) Bogenpaaren würde man sich als Orgelbauer wohl nicht unbedingt als bevorzugten Standort für eine große, symphonische Orgel vorstellen – jedenfalls nicht auf den ersten und auch nicht auf den zweiten Blick.

Entsprechend skeptisch machten wir uns denn auch erst ganz allmählich mit dem Gedanken vertraut, beinahe die Hälfte der Register der gesamten Orgelanlage genau an diesem Standort unterbringen zu müssen. Wir wollten jedenfalls nichts dem Zufall überlassen, und so reisten auch wir, wie schon zwei Jahre zuvor die Fa. Goll bei der Marktportalorgel, mit entsprechendem Equipment an, um für uns zuverlässige und aussagekräftige Klangtests zu machen. Dabei kam uns der Zufall in zweierlei Hinsicht zu Hilfe. Zum einen waren wir mitten in der Vorintonation einer ebenfalls französisch-symphonisch ausgerichteten Orgel für das Konzerthaus in Göteborg, wodurch uns ein sehr großer Fundus an stilistisch passenden Registern zur Verfügung stand, und zum anderen waren noch die Windladen der alten Kemper-Orgel vor Ort, die wir soweit „wiederbelebten", dass wir unsere Klangproben mit den mitgebrachten Pfeifen durchführen konnten.

All das stellte zwar einen enormen Aufwand dar, war aber letztlich jede Minute und jeden Cent wert. Durch diese Tests erhielten wir die insgeheim erhoffte Gewissheit, dass bei entsprechender „Mensurierung" der Pfeifen, angepassten Winddrücken und abgestimmter Intonation genau das klangliche Ergebnis möglich war, das wir uns vorstellten. Das wurde auch durch den Umstand untermauert, dass die Klangproben aus dem Ostchor trotz der enormen Nachhallzeit von – je nach Frequenz – bis zu elf (!) Sekunden, ihre Klarheit und Transparenz im Raum weitgehend behielten, und auch deren Klangintensität nach vorn hin nur marginal abnahm. All das gab uns Zuversicht und auch die vier Bogenöffnungen mit je 5,7 m Höhe und 3 m Breite schienen ausreichend Klangaustrittsfläche zu bieten, auch wenn sie für den Betrachter aus dem Kirchenschiff eher bescheiden wirken. Alles in allem war dieser Tag für uns einer der wichtigsten im gesamten Planungsprozess der Ostchororgel, denn die dabei gewonnenen Erkenntnisse bildeten das Fundament aller zukünftigen Entscheidungen.

Etwas Kopfzerbrechen bereitete uns anfänglich die Gestaltung des Orgelprospekts dieses Teilwerks. Durch die Vorgeschichte in Sachen Prospektgestaltung und die Erfahrungen bei der Gestaltung der Fassade am Standort Marktportal bedurfte es einiger Zeit, bis wir unserer Sache halbwegs sicher waren. Die Gestaltung sollte zurückhaltend, aber doch dezent präsent sein. Gleichzeitig durfte sie nach Ansicht des Denkmalamts den Blick auf die gemauerten Bögen nicht so weit verstellen, dass die Wahrnehmung der Architektur beeinträchtigt wäre. Aus klanglichen wie auch aus platztechnischen Überlegungen wollten wir die Fassade natürlich möglichst weit nach vorn rücken. Um die Höhe bestmöglich nützen zu können, mussten die größten (16-Fuß-)Pfeifen in der Bogenmitte aufgestellt werden. All dem Rechnung zu tragen schien aufs Erste schwierig, letztlich ist aber die jetzige Gestaltung genau die Quintessenz dessen. Um die Wirkung noch etwas zu unterstreichen, entschieden wir uns für zwei unterschiedliche Oberflächenarten der Prospektpfeifen. Obwohl alle sichtbaren Pfeifen aus derselben hochprozentigen Zinnlegierung bestehen, wirken sie doch recht unterschiedlich. Bei den dem Betrachter dunkler erscheinenden Pfeifen ist die Oberfläche des Materials nach klassischem Vorbild gehobelt und poliert. Die helleren Pfeifen zeigen die unbehandelte, sogenannte „Tuchseite" des Materials, also die Seite, welche beim Gießvorgang der Metallplatten die Unterseite bildet.

Durch die matte und leicht angeraute Oberfläche ergibt sich eine gänzlich andere Lichtbrechung als bei den polierten Pfeifen, was sie heller wirken lässt. Diese Gestaltung fand denn auch auf Anhieb Zustimmung und konnte genau so umgesetzt werden.

Schon im Kontext der beiden Wettbewerbsrunden haben wir ausführliche Konzeptzeichnungen für die jeweiligen Standorte ausgearbeitet, und unsere Untersuchungen und Tests bestätigten uns, dass wir mit unserer Einschätzung den Ostchor betreffend richtig lagen. Es waren nur marginale Anpassungen gegenüber unserem ursprünglichen Konzept nötig, das in seinen Grundzügen demnach unverändert bleiben konnte. Es sah vor, dass in den vier 1,7 m tiefen Mauerbögen südseitig die Werke Grand Orgue (C & C#) und nordseitig das (Klein/Petit-) Pédale (C & C#) angeordnet sind. Darüber „schweben", paarweise aufgeteilt, die horizontalen Zungenregister des Chamade-Werks, die somit einen Teil der Prospektgestaltung bilden.

Unmittelbar hinter den Mauerbögen – ausgenommen dem hinteren Bogen auf der Nordseite – sind die vier schwellbaren Werke Positif (vorderer Bogen südseitig), Récit (vorderer Bogen nordseitig) und Orchestre / Solo (hinterer Bogen südseitig) platziert. Die Windladen dieser Werke sind in Bass / Diskant und C / C# getrennt und in zwei Ebenen übereinander angeordnet, um die zur Verfügung stehende Höhe bestmöglich zu nützen und Tiefe zu reduzieren. Für das Positif und Récit haben wir, der klanglichen Stilistik entsprechend, im Bass und Diskant unterschiedliche Winddrücke vorgesehen. Dem Groß-/Grande Pédale war der noch freie Raum neben dem Récit, hinter dem zweiten nördlichen Bogen, zugedacht.

Eine Frage galt es allerdings noch zu klären, nämlich den definitiven Standort des Ostchor-Spieltischs. Es gab wohl keine Stelle im gesamten Ostchor und im Bereich des Stiegenaufgangs, die nicht im Vorfeld dafür zur Diskussion stand. Immer gab es Für und Wider seitens der Musiker, des Denkmalamts und des Domkapitels und es bedurfte zweier Besprechungstermine vor Ort, um sich schließlich auf einen allseits akzeptablen Standort einigen zu können. Der neue Spieltisch sollte auf der obersten Ebene südseitig und ganz vorn am Rand zum Stiegenaufgang stehen. Von hier aus sieht der Organist den Ostchor und das Langhaus bis nach vorn zum Westchor ein und sitzt zudem in der diagonalen Klangachse zur Marktportal-Orgel. Dieser Standort konnte auch seitens des Denkmalamts akzeptiert werden, allerdings wurden wir angehalten, mit der Gestaltung des Spieltischäußeren in Form und Farbe zurückhaltend zu sein und ihn nicht größer als unbedingt nötig zu planen, was wir denn auch so umsetzten.

Im Herbst 2020 haben wir, allen durch die Corona-Pandemie und durch unsere (österreichische) Regierung verursachten Widrigkeiten und Lockdowns zum Trotz, mit der Fertigung der Orgelteile in der Werkstatt begonnen. Die Arbeiten gingen zwar durch die Einschränkungen etwas langsamer als gewohnt, aber doch stetig voran und nach fast einem Jahr, am 18 Oktober 2021, war es dann endlich so weit. Der erste von insgesamt zwölf Transporteinheiten konnte beladen werden und seine Fahrt nach Mainz antreten. Am darauffolgenden Tag traf auch unsere fünfköpfige Crew im Dom ein und nach dem gemeinsamen Ausladen mit den Mitarbeitern der Dombauhütte begann auch schon der Aufbau der Orgel hoch oben – um genau zu sein elf Meter – über dem Ostchor. Es war keine einfache Übung, die bis zu 300 kg schweren Orgelteile mit unserer selbstgebauten Krananlage auf diese Höhe zu bringen und dann, sozusagen am Rand des Abgrunds, zu montieren. Allein schon das Ersteigen des zwölf Meter hohen, mobilen Gerüstturms war nichts für sensible Nerven.

In den kommenden Monaten trafen, jeweils „just in time" mit dem Arbeitsfortgang, die restlichen Transporte in Mainz ein. Zuerst wurde die komplette Südseite inkl. Prospekt, danach die Nordseite montiert. Mitte Januar 2022 wurde dann auch der Spieltisch angeliefert und rund vier Wochen später konnten wir die technische Montage abschließen. Ein wichtiger Abschnitt war geschafft, aber der entscheidende lag noch vor uns ...

Die vier aus dem Kirchenschiff recht zierlich wirkenden Pfeifenfelder in den Mauerbögen hoch oben über dem Ostchor sollen nicht darüber hinwegtäuschen, dass die dahinterliegenden, geschlossenen Massivholzgehäuse aus Tannenholz eine Breite von 9 m, eine Höhe von 7,2 m und eine Tiefe von 2,9 m aufweisen, und das sowohl südseitig als auch nordseitig. Durchaus also beachtliche Ausmaße, in denen die 6.239 Pfeifen der Ostchororgel untergebracht sind und von denen die größte 10,3 m lang und 430 kg schwer, die kleinste hingegen gerade einmal 10 mm lang und 20 g schwer ist. Vier Gebläse mit einer Gesamtleistung von 108 m³ Wind pro Minute stellen die für die 95 Register benötigte Windmenge zur Verfügung. Die Winddrücke sind je nach Werk unterschiedlich und bewegen sich zwischen 90 und 430 mm Wassersäule.

Über Lichtwellenleiter (-kabel) sind nicht nur der Nord- und Südteil der Ostchororgel miteinander und mit dem Spieltisch verbunden, sondern auch die Ostchororgel mit der Marktportalorgel. Und in hoffentlich nicht allzu ferner Zukunft sollten auch der mobile Konzertspieltisch und die Westchororgel dazugehören. Letztlich wird die gesamte Orgelanlage mit allen 206 Registern von jedem der vier Spieltische uneingeschränkt spielbar sein. Theoretisch könnten auch vier Organisten gleichzeitig spielen und sich die Orgelanlage nicht nur in Ostchor-, Westchor- und Marktportalorgel aufteilen, sondern auch die orgelinternen Werke untereinander vergeben. Ob es in der Praxis jemals dazu kommen wird, bleibt abzuwarten. Spannend wäre es allemal ...

Am 14. Februar 2022 trafen unsere beiden Intonationsteams im Dom ein und begannen unmittelbar mit der klanglichen Arbeit am Instrument. Das Thermometer im Dom zeigte 9 (!) Grad. Monatelang, sogar jahrelang haben wir diesem Moment entgegengefiebert, um endlich die ersten „wirklichen" Klänge der Ostchororgel hören zu können. Nun würde sich zeigen, ob unsere Überlegungen aufgegangen sind. Wenngleich wir uns dessen relativ sicher waren, so stellte sich doch eine gewisse Anspannung ein. Diese legte sich aber schon bald wieder, als wir mit dem Klang des Montre 8' im Grand Orgue unsere früheren Klangtests bestätigt fanden. Nun lag aber noch ein gewaltiges Stück Arbeit vor uns, und die 96 Stufen Höhendifferenz zwischen Spieltisch und Orgel machten sie auch nicht gerade einfacher. Register für Register wurde eingebaut, Pfeife für Pfeife im Raum abgehört, intoniert und gestimmt. Fast täglich wurde das Ergebnis mit Herrn Beckmann besprochen, es wurde gegenseitig vorgespielt, gehört, diskutiert und das eine oder andere noch angepasst. Mit jedem Register wuchs nicht nur die Klanggröße des Instruments, sondern auch unsere und Herrn Beckmanns Freude.

Bis aber letztlich alle 95 Register intoniert und die gut 6.200 Pfeifen individuell der Raumakustik angepasst waren, vergingen – mit kleineren Unterbrechungen – noch fünf Monate. Anfang August, bei nun mehr stolzen 27° C im Dom, konnten wir die klanglichen Arbeiten an der Ostchororgel mit der Generalstimmung abschließen. Es war geschafft! Das war aber auch höchste Zeit, denn es trennten uns nur noch wenige Wochen vom geplanten Orgelweihetermin am 21. August!

Orgelweihe und Dank

Es sollte dies – wohl nicht nur für uns Orgelbauer – ein Ereignis der ganz besonderen Art werden. Die liturgischen Feierlichkeiten, zelebriert von Bischof Peter Kohlgraf und Domdekan Henning Priesel, die musikalische Gestaltung durch die Domchöre und einem Bläserensemble unter der Leitung von Domkapellmeister Karsten Storck und schließlich Domorganist Daniel Beckmann an der Protagonistin, der neuen Domorgel, waren diesem Jahrhundertereignis mehr als würdig und werden uns unvergesslich bleiben.

Auf höchstem musikalischem Niveau ging es dann mit dem abendlichen „Weihekonzert" weiter. Das Publikum im bis zum letzten Platz gefüllten Dom zeigte sich begeistert von der Vorstellung der neuen Orgel durch Daniel Beckmann und dankte es ihm mit nicht enden wollendem Applaus. In sehr eindrücklicher Weise gab Herr Beckmann einen Überblick über die musikalischen Möglichkeiten des Instruments und ließ erahnen, was noch alles in ihm steckt und worauf man sich bei den noch folgenden „Weihekonzerten" an den beiden kommenden Abenden freuen durfte.

Es war denn auch besonders spannend zu sehen – respektive zu hören –, wie unterschiedlich sich die zwei Gastorganisten Ulfert Schmidt und Sebastian Küchler-Blessing im Gemeinschaftskonzert mit Daniel Beckmann dem Instrument annäherten, wie sie Marktportal- und Ostchororgel einzeln und gemeinsam einsetzten und wie verschieden sie die Orgel bei ihren eindrücklichen Darbietungen zu präsentieren verstanden.

Glaubte man, beim bislang Gehörten die klangliche Vielfalt und den musikalischen Fassettenreichtum der neuen Orgel schon weitgehend gehört zu haben, so wurde man beim Konzert von Olivier Latry, das den fulminanten Abschluss der Weihetrilogie darstellte, eines Besseren belehrt. Das Publikum zeigte sich begeistert ob der mitreißenden Darbietungen, bei denen man sich als Zuhörer bisweilen in einer anderen Sphäre wähnte. Nach mehreren Zugaben ließ der tosende Applaus langsam nach und der Dom begann sich zu leeren.

Gelungener Abschluss des Triduums zur Domorgelweihe. V.l.n.r.: Domorganist Prof. Daniel Beckmann, Wendelin Eberle (Rieger Orgelbau), Weihbischof Dr. Udo Markus Bentz, Bischof Dr. Peter Kohlgraf, Notre-Dame-Organist Prof. Olivier Latry, Domdekan Henning Priesel und Simon Hebeisen (Orgelbau Goll)

Nun kehrt allmählich wieder Ruhe in den altehrwürdigen Mauern dieses so geschichtsträchtigen Doms ein, in dem wir für eine geraume Zeit zu Gast sein durften. Wir empfanden dies als ein ganz besonderes Privileg. Aber nun ist sie um, diese spannende und aufregende Zeit, und wir sind hin und her gerissen zwischen Freude, Dankbarkeit und Wehmut. Langsam, ganz langsam schleicht sich eine gewisse Leere ein. Eben noch war da geschäftiges Tun, Anspannung und Aufregung; hunderte Fragen, die es zu lösen galt; Sorge, dass alles so wird wie erhofft und dass auch alles rechtzeitig fertig ist. Nun ist die Arbeit getan, und die Spannung fällt allmählich ab.

Was uns aber bleibt, sind die unvergesslichen und schönen Erinnerungen an unsere Zeit im Dom, der uns mittlerweile ein wenig Heimat geworden ist. Diese Erinnerungen sind aber untrennbar mit den zahlreichen Personen verbunden, die wir kennenlernen und mit denen wir vor Ort Arbeiten durften. Ihnen allen gilt es aus tiefstem Herzen Danke zu sagen! Ohne Sie wäre das Orgelprojekt nicht so geworden, wie es ist. Seien es nun Mitarbeiter aus der Verwaltung, die uns in organisatorischen Dingen unterstützt haben, oder Mitarbeiter der Dombauhütte, die uns sehr tatkräftig beim Ausladen der Lastwagen und Aufstellen der Gerüste geholfen haben. Aber auch die freundlichen Mitarbeiter des Erbacher Hofs, der für viele Monate unser Zuhause war, haben dazu beigetragen, dass wir uns während der Arbeit an der Domorgel in Mainz wohlgefühlt haben.

Danke sagen möchten wir auch Baudirektor Dipl.-Ing. Johannes Krämer und Konservatorin M.A. Diana Ecker für ihren fachkundigen Beistand in allen Fragen des Denkmalschutzes in diesem denkmalpflegerisch so sensiblen Raum.

Einigen Personen ist aber von unserer Seite ganz besonderer Dank geschuldet, ohne deren Tun das Projekt gar nicht, oder jedenfalls nicht in dieser Form, umgesetzt hätte werden können. Allen voran Domdekan emeritus Prälat Heinz Heckwolf, der sich in seiner energiegeladenen Art unermüdlich für die Domorgel einsetzte und der uns immer ein verbindlicher Vertragspartner mit Handschlag-Qualität war. Sein Wort hatte stets Gewicht und sein Wort galt, auch in nicht so einfachen Situationen!

Gedankt sei Herrn Jörg Walter als Leiter der Dombauhütte, der immer mit großem persönlichem Engagement für uns da war und uns in allen technischen Anliegen den Dom betreffend unterstützt hat.

Ein ganz großer Dank gebührt auch Bischof Peter Kohlgraf und Domdekan Hennig Priesel, die, obwohl nicht von Anfang an dabei, das Projekt von ihren Vorgängern übernommen und mit unglaublichem persönlichem Einsatz und Engagement weitergeführt und zum vorläufigen Ende gebracht haben. Unvergesslich wird uns allen wohl Ravels *Bolero* zu vier Händen und vier Füßen bleiben, den Bischof Kohlgraf und Daniel Beckmann im Weihekonzert zum Besten gaben, was nicht nur ein musikalischer Genuss, sondern darüber hinaus ein starkes Signal der Kirche an die Kirchenmusik war.

Zu guter Letzt möchten wir uns bei Domorganist Prof. Daniel Beckmann bedanken, mit dem wir uns naturgemäß am intensivsten während des gesamten Planungs-, Bau- und Intonationsprozesses ausgetauscht haben. Keine Frage war ihm zu gering und kein Problemchen zu klein, als dass sich Daniel nicht eingehend darüber Gedanken gemacht, Lösungsvorschläge erarbeitet und Hilfe geleistet hätte. Seine ruhige, analytische Art, gepaart mit scharfsinnigem Verstand, künstlerischer Vorstellungskraft und musikalischer Sensibilität haben uns und dem gesamten Orgelprojekt unschätzbar wertvolle Dienste geleistet!

Unsere aufrichtige Wertschätzung möchten wir aber vor allem auch gegenüber unseren Mitarbeiterinnen und Mitarbeitern zum Ausdruck bringen, die in Abertausenden von Arbeitsstunden und mit unermüdlichem Einsatz unter teils durchaus herausfordernden Bedingungen, die Orgel geplant, gebaut, montiert und intoniert haben. Ihnen gebührt wohl die eigentliche Ehre.

Wenngleich nun das Orgelprojekt mit Abschluss der Orgelweihe und der Weihekonzerte in eine vorläufige ‚Ruhephase' eingetreten ist, so hegen wir doch große Hoffnung, dass es in nicht allzu ferner Zukunft weitergeht und die noch ausstehenden Bauabschnitte ‚Konzertspieltisch' und ‚Westchororgel' in Angriff genommen werden können. Bis dahin möge die zwar noch nicht vollständige, aber doch schon recht majestätische Königin in vielen Hochämtern, Messen und Konzerten zur Ehre Gottes und zur Freude und Erbauung der Kirchenbesucher erklingen.

Projektverantwortlich Fa. Rieger
Entwurf / Planung: Wendelin Eberle & Georg Pfeifer
Intonation: Stefan Niebler, Alois Schwingshandl
Produktionsleitung: Martin Pfanner
Steuerungstechnik: Martin Fuchs
Montage: Michael Nußbaumer, Daniel Orth, Simon Aschl, Leo Ammer, Dana Nilson, Theodor Haftel, Elias Elbs, Jonas Ender, Corinna Hofer, Stefan Tyrol

Projektverantwortlich Fa. Goll
Konzeption / Planung: Simon Hebeisen, Christoph Stocker
Intonation: Christian Kubli, Thomas Murray-Robertson
Werkstatt / Montage: Thomas Bremgartner, Petra Galliker, Lukas Goll, Nicole Kaiser, Sebastian Läderach, Josef Muff, Christoph Steiger, Luca Troxler, Michael Wettstein

---

1 Die Bezeichnungen ‚Marktportalorgel', ‚Ostchororgel' und ‚Westchororgel' wurden von uns anfänglich als vereinfachte Arbeitstitel verwendet, um nicht immer die eigentlich korrekte, aber umgangssprachlich etwas holprige Bezeichnung ‚Teilwerk' verwenden zu müssen. Sie manifestierten sich dann aber intern so, dass wir uns erlauben, sie auch hier in dieser Form zu gebrauchen, wenngleich es sich tatsächlich um Teilwerke der einen, großen Konzeption handelt.

DIE ORGEL IM DIENSTE DES „KLANGES DES UNSAGBAREN"

BISCHOF PETER KOHLGRAF

Der Unsagbare, der mit der Welt in Beziehung tritt

Im biblischen Prophetenbuch Hosea findet sich eine beachtliche Selbstaussage Gottes: „Denn ich bin Gott, nicht ein Mensch, der Heilige in deiner Mitte." (Hos 11,9) Der Religionsphilosoph Jörg Splett macht auf die im biblischen Gottesbild unauflösbare Spannung aufmerksam, die in dem Gegensatzpaar „heilig" und „inmitten" ausgesagt wird.[1] Gott ist da, aber als der Heilige, wobei die Heiligkeit in der „Selbstvorbehaltenheit, Unzugänglichkeit, Fremdheit, (im) Einzig- und Ganz-Anders-Sein der Gottheit"[2] besteht. Splett beschäftigt sich mit dieser Spannung und ihren Folgen für die Rede über Gott und zu Gott als Antwort auf sein Reden zu uns Menschen. Eine rein negative Theologie und Frömmigkeit, die sich außerstande sieht, auch nur irgendetwas über diesen Gott auszusagen, wird dieser unauflösbaren Spannung ebenso wenig gerecht wie ein primitiver Anthropomorphismus, der Gott gleichsetzt mit menschlichen Vorstellungen oder theologisch-sprachlichen Festlegungen. Mit Verweis auf Georg Wilhelm Friedrich Hegel hält Splett den scheinbaren Demutsakt, Gott auf rein jenseitiges Erkennen und Dasein festzulegen, für Hochmut, denn der Mensch mache sich dann ebenso zum letzten Maßstab zu entscheiden, was Gott sein könne und was nicht. In einem Text aus der Mitte des 20. Jahrhunderts heißt es: „Vater unser der du bist im Himmel. Bleib dort. Und wir werden auf der Erde bleiben. Die mitunter so herrlich ist. Mit ihren Mysterien von New York. Mit ihren Mysterien von Paris. Die das Mysterium der Dreieinigkeit durchaus aufwiegen." (Jaques Prévert 1962)[3]

Eine angemessene Reaktion des Menschen auf diesen Gott kann das Schweigen sein, das jedoch nicht mit Verstummen gleichgesetzt werden darf. Denn Gott selbst redet, das Wort ist Gott, und er hat in der Menschwerdung seines Sohnes auf unnachahmliche Weise zu den Menschen geredet. Pointiert formuliert der Hebräerbrief: „Vielfältig und auf vielerlei Weise hat Gott einst zu den Vätern gesprochen durch die Propheten; am Ende dieser Tage hat er zu uns gesprochen durch den Sohn [...]. Er ist der Abglanz seiner Herrlichkeit und das Abbild seines Wesens." (Hebr 1,1–3) Im weiteren Verlauf wird der Hebräerbrief die Spannung noch verschärfen, indem sich der „Abglanz" der göttlichen Herrlichkeit in der Hingabe, der Hilflosigkeit, dem Schrei nach Gott im leidenden Christus zeigt. Der das Wort ist, wird zum Rufer angesichts des Todesdunkels.

Nun stellt sich angesichts der beschriebenen Spannung die Frage, wie denn angemessen von Gott zu reden sei. Die rein abstrakte und bildlose Sprache allein kann es nicht sein, bedenkt man, dass Jesus selbst vom Reich Gottes in Gleichnissen und Bildern gesprochen hat. Jesu Sprache ist nicht die Form theologischer Definition. Hier hilft ein Hinweis auf Thomas von Aquin und seine Unterscheidung zwischen ‚begreifendem' und ‚berührendem' Denken. Thomas hält die Fähigkeit des menschlichen Geistes zur Berührung mit dem Göttlichen für weiterreichender als die rein beschreibende Erkenntnis. In der Berührung wird die Negativität, die völlige Abwesenheit Gottes, überwunden, ohne ihn in Formeln oder menschlichen Aussagen gefasst zu haben. Wichtiger als Hypothesen über Gott ist die Klärung der Beziehung zu ihm: „Freundschaft heißt eben nicht: Leben mit der Hypothese, daß mein Freund mir beispringt."[4] Glauben ist das Bekenntnis zu seiner Treue: „Er spricht sich darum in Erzählung, Dank und Lobpreis, in Hoffnungs-Bekenntnis und Bittruf aus" sowie in Protest und Klage.[5] Bevor wir über Gott reden, antworten wir sprechend auf seinen Anruf an uns Menschen. Die Hinwendung zum Du Gottes besteht nicht in Begriffen und Bezeichnungen. Sie besteht vielmehr in der genannten Berührung, die Gott nicht ‚de-finiert', also begrenzt, sondern mit seiner Größe, Heiligkeit und Unsagbarkeit rechnet und ihn doch nicht in eine jenseitige Sphäre verbannt. In diesem Sinne ‚definiert' Gott auch den Menschen nicht, dem er sich zuwendet. Sowenig Gott sich instrumentalisieren lässt durch menschliche Beschreibungen, sowenig instrumentalisiert er den Menschen. Gott liebt den Menschen und die Welt, ohne dass sie für ihn nützlich wären.[6] Wir sind, weil Gott uns selbstlos ins Sein gerufen hat, nicht weil wir für ihn einen Zweck erfüllen. Gotteslob erfüllt in diesem Sinne keinen ‚Zweck' – es ist das Sein des Menschen vor ihm, die Antwort seiner Existenz mit Licht und Dunkel, im Letzten die Antwort seiner Liebe. Die ‚reinste' Form des Betens ist damit die Anbetung, in der der Mensch nicht etwas von Gott will, sondern einfach in Ihm sein will, ohne Zweck, ohne Ergebnis oder in einem bestimmten Anliegen. Hier dürfen die Worte schweigen, ohne zu verstummen oder Gott ins Jenseits zu verbannen.

Die Liturgiekonstitution *Sacrosanctum Concilium* des II. Vatikanums und die Orgel

In der „Konstitution über die heilige Liturgie" finden sich neben grundlegenden Ausführungen über den Gottesdienst, die bis heute maßgebend sind, auch Gedanken zu Einzelfragen, zur Kirchenmusik und in einem Abschnitt auch zur Bedeutung der „Pfeifenorgel" (Nr. 120). Sie wird mit folgenden Worten gewürdigt: „Ihr Klang vermag den Glanz der kirchlichen Zeremonien wunderbar zu steigern und die Herzen mächtig zu Gott und zum Himmel emporzuheben." Der Kommentar im *Lexikon für Theologie und Kirche* bemerkt dazu, dass sich der Sprachduktus erheblich von der „nüchternen Gesetzessprache" anderer Passagen abhebt.[7] Liest man diese Formulierung – mehr findet sich zur Orgelmusik in diesem Dokument nicht –, darf man bei allem Respekt anmerken, dass damit nur ein geringer Teil der Bedeutung der Orgelmusik innerhalb und außerhalb der Liturgie eingeholt wird. Den Glanz kirchlicher Liturgie zu steigern und die Herzen zu erheben, ist nur eine schwache Beschreibung der Möglichkeiten, die die Orgelmusik vor dem Hintergrund des oben Beschriebenen haben kann. Natürlich: die Orgelmusik vermag die Festlichkeit des Gottesdienstes zu steigern. Andere Aspekte müssen jedoch unbedingt ergänzt werden. Die Orgelmusik fördert, sowohl in der Liturgie als auch im Konzert, die Möglichkeit des „berührenden Denkens". Damit erhält sie gerade in unserer Zeit, in der Zugänge zum Glauben über die Liturgie hinaus unverzichtbar werden, eine neue und herausragende verkündigende Bedeutung. Denn sie belehrt nicht, sondern ermöglicht Erfahrungen des Glaubens, regt Verstand und Gefühl an.[8] Die Musik kommt einem Wunsch heutiger Menschen entgegen, so sieht es jedenfalls Josef Sudbrack, der formuliert: „Der Mensch von heute sucht Erfahrung […]. Der Mensch von heute sucht Leben, nicht Begriffe – warum zeigen wir ihm nicht die gelebte und erlebte Wirklichkeit des Glaubens?"[9]

Der Begriff der ‚Gotteserfahrung' ruft natürlich zahlreiche Fragen hervor. Emmanuela Kohlhaas hat sich in einem Beitrag in einem Sammelband zum Thema ‚Musik im Raum der Kirche' intensiv mit diesem Thema auseinandergesetzt.[10] Ist Musik Raum der Gotteserfahrung? Sie beantwortet diese Frage letztlich mit einem Ja, wenn auch differenziert. Das Erleben von Musik sei möglicherweise keine intellektuelle Bereicherung, könne aber Staunen, Schweigen, Glauben auslösen.[11] Emmanuela Kohlhaas akzentuiert – und damit ist sie in guter Gesellschaft mit anderen Autoren – den positiv emotionalen Aspekt der Musik, die Fähigkeit der Musik, den Menschen „betroffen zu machen".[12] Aus diesem Grund geht sie methodisch dergestalt vor, dass sie Erfahrungen des Überwältigtseins beschreibt, die sie mit anregenden Überschriften versieht: Gotteserfahrung als „Unheimliches", „Angst", „Mystik" und „Gipfelerfahrung" – dem Menschen begegnet etwas oder jemand, der jede Reflexion überschreitet.

Tatsächlich bietet die Musik die große Chance, solche Erfahrungen auszulösen. Es ist jedoch Vorsicht geboten, wenn man den christlichen Erfahrungsbegriff auf diesen positiven, emotionalen Gesichtspunkt reduzieren wollte.

Beschränkt man die Gotteserfahrung auf die Gefühlsebene, auf das Überwältigtsein, wird man auch dem biblischen Gottesbegriff nicht gerecht. Erfahrung Gottes lässt sich ja nicht herbeiführen, sondern ist Zuwendung einer freien Person zu einem ebenso freien Menschen. Auch Musik muss Erfahrungen ermöglichen, die einen ganz anderen Gott zeigen als er unserer alltäglichen Sichtweise entspricht. Sonst erfährt der Mensch nicht Gott, sondern einen Götzen. Musik als Raum der Gotteserfahrung birgt die Chance, den ‚Anderen Gott' in die Nähe zu bringen. Glaubenserfahrung liegt nicht allein im Gefühl, sondern auch in der Reflexion und schließlich in der glaubenden und existenziellen Antwort, zu der der Mensch gerufen ist. Um diese Aspekte müsste man die kurzen Aussagen der Liturgiekonstitution sicher ergänzen, vielleicht auch um weitere, die hier nicht zur Sprache kommen. Insofern ist auch die Musik im Raum der Kirche über die Gefühlsebene hinaus auch immer eine Einladung zur Reflexion, zum Nachdenken über die eigenen Gottesbilder, Glaubenserfahrungen, die existenzielle Situation sowie den Zugängen zu Gott und seinem Geheimnis. Und es gilt: Kirchenmusik ist zweckfrei. Das Ziel ist nicht, etwas Bestimmtes zu erreichen, eine bestimmte Pädagogik, die die Musik dann als erfolgreich qualifizieren würde. Die Erfahrung der Musik ist ein Wert in sich; wie diese Erfahrung für Gott und seine Gegenwart öffnet, liegt im Geheimnis des Individuums, nicht in der Machbarkeit.

Der Einzelne und die Gemeinschaft

Musik ist nichts Harmloses. Daher waren die Zugänge zur Musik in den Jahrhunderten der Kirchengeschichte durchaus ambivalent. Kritische Töne schlägt Hans Küng an:

„Ja, Opium des Volkes war die Religion nur allzu oft, und auch die Musik – nicht nur die Marschmusik, auch die Kirchenmusik – kann benebeln, betäuben und verführen. Viele Christen sind in Gefahr, mit musikalischer Feierlichkeit sich die Welt ‚da draußen' vom Leibe zu halten, sich in eine auch musikalisch erzeugte religiöse Gefühlswelt einzulullen, um die praktischen Probleme der Zeit nicht zur Kenntnis zu nehmen. Religion und Musik als Opium des Volkes. Wer könnte es übersehen: Auch die kirchliche Hierarchie ist oft genug in Gefahr, mit feierlichen Messen nur sich selber zu zelebrieren und den Triumph der Gnade Gottes mit dem eigenen Triumph zu verwechseln."[13]

Küng macht sicher zu Recht auf die Gefahr aufmerksam, dass man sich mit Hilfe der Musik auch im religiösen Bereich eine Scheinwelt zurechtmachen und die Gotteserfahrung oder die Gottesnähe auf das eigene gefühlsmäßige Erleben reduzieren kann, mehr noch: dass man sie instrumentalisiert, um andere in das eigene Denken hineinzuzwingen. Der Psychiater Tilmann Moser etwa berichtet Erfahrungen seiner Kindheit, in der er die Kirchenmusik, besonders das gemeinsame Singen, als Ausdruck einer abgrenzenden Identität erlebt habe. Die Erinnerung an die Gottesdienste ruft in ihm das Gefühl von Ohnmacht und Wertlosigkeit in Erinnerung. Man geht in der Gruppe auf, verschmilzt mit den anderen. Wahre Gefühle werden weggesungen, und damit wird die Realität des einzelnen weggedrängt.[14]

Musik spricht den ganzen Menschen an, erreicht Bereiche der Seele, die sonst verschlossen bleiben. Sie ist nicht nur Dienerin, sondern auch Interpretin des Wortes, sie kann sich des Menschen bemächtigen, von ihm Besitz ergreifen. Sie stärkt die Identität auch der Gruppe, manchmal auf Kosten des Einzelnen. Sie kann einen Menschen verzaubern, aber auch eine künstliche Welt simulieren. Auch deswegen ist es ein verkündigungstheologischer Auftrag, Menschen zu aufmerksamen Hörern und Hörerinnen zu bilden, ihnen bewusst zu machen, dass Musik mehr ist als ein emotionaler Raum, sondern auch intellektuelle Reflexion und Durchdringung erfordert.

Das Mainzer Orgelprojekt gibt hierzu in seiner Konzeption wichtige Hinweise. Besonders die Orgel über dem Markteingang des Doms ist für die Begleitung des Gemeindegesangs konzipiert. Sie kann den Gesang führen, ohne ihn zu dominieren oder gar zu erdrücken. Diese Orgel zeichnet sich dadurch aus, dass sie einen wunderschönen Gesamtklang hervorbringt. Jedes einzelne Register behält einen unverwechselbaren Charakter, jedes Register durchdringt den Raum, und auch das Tutti erschlägt nicht. Dies scheint ein Teil der kirchenmusikalischen Botschaft zu sein. Diese Orgel steht nicht für einen weltfernen Triumphalismus und auch nicht für die Vereinnahmung des Einzelnen in ein Kollektiv. Sie klingt feierlich, zart, differenziert und erschlägt nicht. Der einzelne Glaubende ist eingeladen, seine Stimme in den Chor einzubringen, aber er wird nicht Teil eines gesichtslosen Kollektivs. Auch die leisen Stimmen und Schattierungen bleiben unverzichtbar. Das Zueinander der verschiedenen Orgelteile im Mainzer Dom bestärkt diesen Ansatz. Nie geht es darum, einen ‚Klangbrei' zu produzieren, um Menschen durch Masse zu erdrücken. Vielmehr geht es um einen Klang, der Menschen in einen Chor der Stimmen hineinholt, aber die Wertschätzung auch des Leisen und Unscheinbaren auszudrücken vermag.

Literaturspiel und Improvisation als Verkündigung und Theologie

Die großen Kompositionen der Orgelliteratur bringen auf je eigene Art den Zugang zum Göttlichen zum Ausdruck und sind auf eigene Weise im Dienst des Klanges des Unsagbaren. Zwei Beispiele will ich stellvertretend hervorheben: Unübertroffen ist Johann Sebastian Bach (1685–1750), dessen Musik neben der emotionalen Wirkung immer auch Ausdruck einer göttlichen Harmonie und Ordnung ist. Er gibt damit auch in seinen Orgelwerken ein persönliches Glaubenszeugnis, das emotional und rational bis heute überzeugt. Der gläubige Mensch sieht die Welt als Schöpfung, er erfährt sich als eingebettet in die wunderbaren Schöpfungswerke Gottes, die Welt ist gleichermaßen vielfältig und geordnet. Der Gedanke der Ordnung wird nun in Musik umgesetzt. Das musikalische Material wird geordnet und nach festen Regeln komponiert, so dass es in der Lage ist, Göttliches nicht nur durch das Hören und das Ergriffensein zu vergegenwärtigen, sondern auch durch die festen Regeln der Komposition. Der Gedanke, dass Gott in seiner Einheit die Vielheit der Welt geschaffen hat, wird musikalisch durch proportionale Verhältnisse in den Parametern vorgestellt, die im Kompositionssatz auf der Ebene der Harmonien, der Mensur oder des Takts wirken. Dabei ist es im Grunde gleichgültig, ob dies jeder heraushören kann. Es geht um den Versuch einer Harmonie, die in sich selbst wertvoll ist, ähnlich dem Bau einer mittelalterlichen Kathedrale.

Einen anderen Gesichtspunkt findet man bei einem der großen Komponisten des 20. Jahrhunderts, Olivier Messiaen (1908–1992). Für Messiaen war es immer schwer, seinen Gesprächspartnern zu verdeutlichen, dass er Musik nicht nur hört, sondern sieht. Klänge lösen bei ihm Farbwahrnehmungen aus, bestimmte Klangfolgen entsprechen bestimmten Farbkombinationen. Er ist sich der Tatsache bewusst, dass dies keine objektiven Aussagen zulässt, sondern dass Musikwahrnehmung etwas ausgesprochen Subjektives ist. Damit ist nun eine erste inhaltliche Aussage seiner Musik verbunden, die der Kunstauffassung des beginnenden 20. Jahrhunderts in der bildenden Kunst entspricht: Es gibt keine objektive Naturauffassung, die durch die Kunst wiedergegeben werden könnte, sondern der Komponist deutet seine Welterfahrung und ermöglicht seinem Hörer eine ganz eigene. Der Hörer seiner Musik wird andere Farben assoziieren als Messiaen, aber auch er kann, wenn er sich denn der Musik hingibt, im Hören und Sehen dem Licht Gottes begegnen, dies aber eben in seiner eignen Erfahrung.

Für die Ermöglichung einer Transzendenzerfahrung ist entscheidend, dass die Musik Messiaens die klassischen Hörgewohnheiten, Harmonie- und Melodieerwartungen durchbricht. In der klassischen Musik ist es in der Regel so, dass Harmonien und Melodiedurchführungen nach festen Prinzipien aufeinanderfolgen und der Hörer der klaren Auflösung und dem eindeutigen Ende entgegensteuert. Bei Messiaen verschwindet diese „intentionale Anspannung",[15] und er eröffnet neue Gestaltungsmöglichkeiten. Es gibt praktisch keine imaginäre Vorwegnahme der Musik durch den Hörer; er weiß nicht, was kommt. So bekommt jeder musikalische Augenblick, jede Klangfarbe eine eigene, bisher „unbekannte Präsenz".[16] Musik ist dann nicht mehr einfach der Klang in einer vergehenden Zeit, sondern Diskontinuität. Die Zeit kommt auch in jeder einzelnen Klangfarbe zum Stehen, und die nacheinander folgenden Farben ergeben ein buntes Farbenspektrum. Musik wird so Abbild der göttlichen Ewigkeit, die ja kein Vergehen von Zeit beinhaltet. Das widerspricht nur scheinbar der oben getroffenen Aussage, dass gerade Musik Zeit benötigt, und damit den Wert des Geschöpflichen beschreibt. Messiaen selbst bewertet dies so: „Ich liebe die Zeit, weil sie der Anfangspunkt aller Schöpfung ist. Die Zeit setzt voraus die Veränderung (also die Materie) und die Bewegung (also den Raum und das Leben). Die Zeit macht uns, durch den Gegensatz, die Ewigkeit verständlich."[17]

Theologisch gesprochen: Ohne die Erfahrung und die Gestaltung der Zeit gibt es keinen Vorgeschmack auf die Ewigkeit. Messiaens Musik ist durch die Orchestrierung und die verschiedenen Möglichkeiten der harmonischen Klanggestaltung eine unglaublich farbenreiche Musik jenseits aller damals (und heute) üblichen Hörgewohnheiten. Ein Messiaen-Interpret nennt seine Musik einen Zeit-Raum, in dem sich Klangereignisse, Farbereignisse „türmen und staffeln".[18] Der Komponist selbst vergleicht wiederholt seine Musik mit der Rosette einer gotischen Kirche. Tausend Farben zerschmelzen zu einer, und sie wird im Strahlen zu einem Symbol Gottes und der himmlischen Welt:

> „Die Musik der Farben macht das, was die Glasfenster und die Rosetten des Mittelalters tun: sie beschert uns das Überwältigtsein. Sie rührt gleichzeitig an unsere edelsten Sinne: das Gehör und das Gesicht, sie erschüttert unsere Empfindungsfähigkeit, reizt unsere Einbildungskraft, lässt unsere Einsicht wachsen und bringt uns dahin, dass wir unsere Begriffe hinter uns lassen, um dort anzukommen, wo, höher als Vernunft und Intuition, der Glaube ist."[19]

In diesen Beispielen finden sich Hinweise auf die inhaltlichen und verkündigungstheologischen Möglichkeiten der Orgel. Das Mosaik wäre durch viele andere Akzente anderer großer und kleinerer Komponistinnen und Komponisten zu ergänzen, die zeigen, dass Musik immer auch ein persönliches Glaubenszeugnis ist, das gleichermaßen durch Herz und Verstand geprägt ist. Das gilt dann auch für die improvisatorischen Möglichkeiten des Organisten im Gottesdienst und außerhalb. Grundlage ist nicht nur das Gefühl, sondern Können und Reflexion, und eine gute Improvisation wird immer auch etwas vom persönlichen Glauben des Musikers oder der Musikerin wiedergeben. Daher ist der Dienst an der Orgel ein echter Verkündigungsdienst. Auch für die Orgelmusik ist die Liturgiekonstitution wegweisend, insofern sie herausstellt, dass die Kirchenmusik keine Magd der Liturgie sei, sondern tatsächlich „notwendiger und integrierender Bestandteil" der Liturgie und der Verkündigung (*Sacrosanctum Concilium* 112), gerade auch in den heutigen Zeiten, in denen sich Zugänge zum Glauben über die Liturgie hinaus ausdifferenzieren.

Einheit und Vielfalt

Abschließend sei ein Aspekt der Liturgiekonstitution erwähnt, der über den kirchenmusikalischen Bereich hinaus eine grundsätzliche Frage des kirchlichen Lebens thematisiert. Der 37. Abschnitt spricht über Einheit und Vielfalt. Die Liturgie ist auch ein Raum der weltkirchlichen Einheit, die sich aber nicht in starrer Uniformität ausdrückt. Auch – oder gerade – im Gottesdienst soll das vielfältige Erbe der Zeiten und Orte lebendig zum Ausdruck kommen. Musik im Dienste des Klanges des Unsagbaren ist immer auch eine gelungene Inkulturation, denn Gott spricht in den verschiedenen kulturellen und geistlichen Sprachen. Nicht nur in der Auswahl der Musik in Konzert und Liturgie ist dies ein Reichtum der Möglichkeiten, sondern auch in der Gestaltung unserer Orgellandschaft. Im Mainzer Dom finden sich nach Abschluss des gesamten Projekts Orgeln mit unterschiedlichen musikalischen Ausdrucksmöglichkeiten, die als Einheit verstanden werden können, aber dennoch die kulturelle und religiöse Vielfalt darstellen. Während die alte Westchororgel vorwiegend der Orchester- und Chorbegleitung dienen soll, trägt die Orgel im Hauptschiff den Gemeindegesang. Sie eignet sich hervorragend für barocke Orgelmusik und die Musik der deutschen Romantik. Die Orgel im Ostchor deckt den Bereich der französischen Orgelmusik mit ihrem spezifischen Charakter ab. Jedes Register, jede Orgel hat einen spezifischen Klang, aber sie bilden zusammen eine vielfältige, symphonische Einheit. Darin sind sie Symbol der Kirche, und zugleich Symbol des Klanges des Unsagbaren, der als Dreieiniger immer Einheit in Vielfalt ist, nie eintönig, nie unsortiertes Chaos. Auch in dieser Hinsicht überzeugt das Mainzer Konzept als theologisches und katechetisches Projekt.

---

1 Vgl. zum Folgenden Jörg Splett, *Denken vor Gott. Philosophie als Wahrheits-Liebe*, Frankfurt a. M. 1996, S. 247–273.
2 Ebd., S. 248.
3 Zitiert aus ebd., S. 250.
4 Ebd., S. 254.
5 Ebd., S. 255.
6 Ebd., S. 264.
7 *Das Zweite Vatikanische Konzil. Konstitutionen, Dekrete und Erläuterungen. Lexikon für Theologie und Kirche*, Lizenzausgabe Darmstadt 2014, Teil 1, S. 99.
8 Zum Folgenden auch Peter Kohlgraf, „‚Überwältigt durch das Licht' (O. Messiaen). Musik als Raum der Verkündigung und der Erfahrung des ganz anderen Gottes", in: *Pastoralblatt* 10/2011, S. 307–312.
9 Josef Sudbrack, *Wege zur Gottesmystik*, Einsiedeln 1980, S. 7.
10 Emmanuela Kohlhaas, „Musik und Spiritualität. Musik als Raum der Gotteserfahrung", in: *Musik im Raum der Kirche: Fragen und Perspektiven*, hg. von Winfried Bönig, Mainz 2007, S. 80–97.
11 Ebd., S. 93.
12 Ebd., S. 80f.
13 Hans Küng, *Mozart. Spuren der Transzendenz*, München 1991, S. 67.
14 Tilmann Moser, *Gottesvergiftung*, Frankfurt am Main ³1977, S. 55f.
15 Robert Kudielka, „Der Klang Violett. Zur Bedeutung der Farbe in der Musik Olivier Messiaens", in: *La Cité céleste. Olivier Messiaen zum Gedächtnis*, hg. im Auftrag der Guardini Stiftung von Elmar Budde u. a., Berlin 2006, S. 13–23, hier: S. 17 (ursprünglich ein Beitrag zu dem gleichnamigen Symposium in der Hochschule der Künste Berlin, 15.–16. Mai 1998).
16 Ebd.
17 Olivier Messiaen, „Rede anlässlich der Verleihung des Praemium Erasmianum am 25. Juni 1971 in Amsterdam", in: Almut Rößler, *Beiträge zur geistigen Welt Olivier Messiaens*, Duisburg ²1984, S. 39–49, hier: S. 41.
18 Kudielka, „Der Klang Violett" (wie Anm. 14), S. 22.
19 Olivier Messiaen, „Conférence de Notre Dame vom 4. Dezember 1977", in: Rößler, *Beiträge zur geistigen Welt Olivier Messiaens* (wie Anm. 17), S. 60–70, hier: S. 70.

SEHEN VERSUS HÖREN, ODER HARMONIE DER SINNE?
DAS DOMORGELPROJEKT AUS DENKMALPFLEGERISCHER SICHT

DIANA ECKER

Vom ersten Aufkeimen der Idee, eine neue Orgel für den Mainzer Dom zu bauen, bis zur tatsächlichen Ausführung des ersten Bauabschnitts sind rund 35 Jahre vergangen. Angestoßen vom damaligen Domorganisten Albert Schönberger in den 1980er Jahren war der Entscheidungsprozess immer wieder ins Stocken geraten oder über längere Zeiträume ganz ausgesetzt worden. Mehrere Beratungsgremien, Domorgelkommissionen und Arbeitsgruppen hatten sich intensiv mit der Frage beschäftigt, wie diese Orgel zu konzipieren und wo sie im Kirchenraum aufzustellen sei – ohne jedoch zu einer Einigung zu gelangen. Was war der Grund dafür?

Der Blick in die Akten verrät, dass die längste Zeit dieser ausgedehnten Entscheidungsfindungsphase von einem schier unüberwindbaren Konflikt zwischen Kirchenmusikern und Denkmalpflegern geprägt war, der sich an der Planung einer sogenannten Schwalbennestorgel entzündet hatte. Die neue Hauptorgel sollte im Mittelschiff, an der nördlichen Langhauswand installiert werden und dort endlich eine adäquate Führung des Gemeindegesangs ermöglichen, was mit der bestehenden, auf sieben (!) weit voneinander entfernt liegenden Standorten verteilten Domorgel der 1920er und 1960er Jahre nicht ohne störende Zeitverzögerungs- und Echoeffekte zu bewerkstelligen war. Erschien das ‚Schwalbennest' den Musikern als ideale und nahezu alternativlose Lösung, so wurde es von den Vertretern der Denkmalpflege als massiven Eingriff in die Architektur des romanischen Langhauses aufgefasst, der das einzigartige Erscheinungsbild des Raumes empfindlich beeinträchtigt und überdies den geschlossenen Zyklus von Wandmalereien des Nazarener-Künstlers Philipp Veit unterbrochen, wenn nicht gar zerstört hätte. Bei der Lektüre all jener Aktennotizen, Sitzungsprotokolle, Beschwerdebriefe, Zeitungsartikel und Stellungnahmen, die sich mal mehr, mal weniger emotional für oder gegen die eine oder andere Position aussprachen, kann man sich des Eindrucks nicht erwehren, dass hier ein veritabler *Paragone* im Gange war – ein Wettstreit der Künste – um die Vorherrschaft im Kirchenraum. Musiker und Denkmalpfleger, oder anders ausgedrückt: Ohren- und Augenmenschen rangen letztlich um die Frage, ob dem Hören oder dem Sehen größere Bedeutung beizumessen sei. Verfolgt man diesen spannenden Disput, so scheint er im Jahr 1928 zu wurzeln, als man mit dem Bau einer komplett unsichtbaren Westchororgel erstmals das jahrhundertelang bestehende Gleichgewicht zwischen Hören und Sehen zu Ungunsten des Hörens verschoben hatte. Der vage Verdacht, dass diese vor rund hundert Jahren verursachte Dysbalance nachhaltig auf die jüngsten Diskussionen um das neue Domorgelprojekt wirkte, gewinnt an Plausibilität, wenn man bedenkt, dass die Teilnahme an einem Gottesdienst (zumindest in Nicht-Pandemiezeiten) immer auch eine multisensorische Erfahrung ist, die nicht nur Geist und Seele des Menschen, sondern auch all seine fünf Sinne berührt:

Vom Klang der Glocken begleitet, treten die Gläubigen in den Kirchenraum ein und passen ihre Augen den geänderten Lichtverhältnissen an, nehmen Farben, Formen, Materialien und Bilder wahr. Die Finger tauchen in das Weihwasserbecken und spüren flüssige Kühle; sie berühren den eigenen Körper an Stirn, Brust und Schultern beim Schlagen des Kreuzzeichens. Bekannte und fremde Hände umfassen einander beim Friedensgruß. Der Geruch von frisch angesteckten Kerzen, Weihrauch oder Blumenschmuck dringt in die Nase, und das Ohr lauscht der Musik, dem Gesang und dem gesprochenen Wort; die Zunge ertastet und schmeckt die im Mund zergehende Hostie. Idealerweise gestaltet sich die Begegnung mit Gott und der Gemeinschaft der Gläubigen als ein ganzheitliches, den Menschen auf allen Ebenen gleichermaßen anrührendes Erlebnis.

Zweifellos spielen hierbei der *visus* (Gesichtssinn) sowie der *auditus* (Hörsinn) die wichtigste Rolle, da mit ihnen die zentralen Elemente der Liturgie wahrgenommen werden: das Schauen des Leibes Christi in Gestalt der konsekrierten Hostie und das Hören des Evangeliums – der Worte Gottes. Von den christlichen Autoren des Mittelalters wurden Hören und Sehen als gleichwertige Geschwistersinne aufgefasst, auch wenn sie grundsätzlich die antike, auf Aristoteles zurückgehende ‚Hierarchie der

Diana Ecker

Sinne' übernahmen, die dem Sehsinn, dem der größte Erkenntniswert eignete, den ersten Rang zuerkannte – dicht gefolgt vom Hören, dem Riechen und schließlich den beiden rangniederen, weil materiellen Kontakt einfordernden ‚Nahsinnen' Schmecken und Tasten. Kirchenräume waren und sind denn auch bis heute primär auf die Vermittlung visueller und auditiver Eindrücke ausgelegt. Dabei besitzen Formen, Farben, Töne und Klänge nicht nur funktionalen und ästhetischen Wert, sondern sie weisen als religiöse Bedeutungsträger oft weit über diesen hinaus: So spiegelte sich etwa in den vollendet harmonischen Proportionen oder den geometrischen Formen einer gotischen Kirchenarchitektur immer auch der Schöpfergott wider, der alles „nach Maß, Zahl und Gewicht geordnet" (Weisheit 11,21) hat. Ebenso konnte durch die spezifische Anordnung ausgewählter Bauglieder und Architekturformen oder die Verwendung bestimmter Materialien ein Grabmal, ein Leuchter oder eine ganze Kathedrale zu einem Abbild des ‚Himmlischen Jerusalems' werden. Die symbolischen Verweismöglichkeiten von Architektur und bildender Kunst waren und sind vielfältig und bieten dem Menschen erstaunlicherweise über das Sehen konkret materieller Dinge einen Zugang zu Spiritualität und immaterieller Gotteserfahrung.

Ganz anders die Musik, die als *per se* körperloses Medium der himmlischen Sphäre besonders nahe zu stehen scheint und seit dem Mittelalter auch verstärkt mit den lobpreissingenden und musizierenden Engeln in Verbindung gebracht wurde. Kirchliche Sängerchöre und Musiker konnten sich in den ätherischen Himmelsboten widergespiegelt finden. Bemerkenswerterweise manifestierte sich diese Vorstellung im Kirchenraum zunehmend in bildlich-plastischer Form, sodass ab dem ausgehenden 13., und beginnenden 14. Jahrhundert immer öfter gemalte und skulptierte Engelfiguren auftraten, die singend oder mit verschiedenen Musikinstrumenten in Händen dargestellt wurden. Sie sind bevorzugt in Chorräumen, an Chorstühlen, Chorschranken oder anderen Orten innerhalb des Sakralraums anzutreffen, wo gesungen oder musiziert wurde.[1] Dort fungierten sie als dauerhaft sichtbare Hinweiszeichen auf die nur temporäre Präsenz der Musiker mit ihren portablen Instrumenten.

Für die aufgrund ihrer Größe schon kaum mehr als ‚Möbel' zu bezeichnenden, ortsfesten Orgeln, die seit dem Spätmittelalter weite Verbreitung fanden, waren solche Bildverweise nicht nötig, da sie permanent im Kirchenraum präsent waren. Als Teil der Kirchenausstattung, der auch optisch in direkter Beziehung zur umgebenden Großarchitektur stand, wurden an sie die gleichen (hohen) gestalterischen Anforderungen gestellt. Das heißt, bei ihrem Bau war nicht nur darauf zu achten, dass sie ihren Zweck erfüllten, sondern auch, dass sie über *venustas*, also Schönheit, bzw. Anmut verfügten, wodurch die Würde des Ortes unterstrichen und die Heiligkeit ihrer Bestimmung zum Ausdruck gebracht wurde. Gemäß mittelalterlicher Gestaltungspraxis war ein solch technisch komplexes Großgerät nicht anders zu behandeln als ein Marienbild, eine Altartafel oder ein kostbares Reliquiar, da im Unterschied zu heute keine Trennung zwischen Kunstwerk und Gebrauchsobjekt existierte. Schönheit war ebenso wie die Zweckmäßigkeit eine notwendige Funktion. Die ältesten noch erhaltenen Großorgeln des 15./16. Jahrhunderts, wie etwa jene im ostfriesischen Rysum, ähneln denn auch in Aufbau und Form häufig zeitgenössischen Altarschreinen und das Dekor ihrer Gehäuse rezipiert architektonische Zierformen. Man wird sich daher die erste, 1468 urkundlich erwähnte Orgel des Mainzer Doms, die auf dem spätgotischen Ostchorlettner aufgestellt war, wohl mit einem solchen Schreingehäuse und bemalten Flügeln vorstellen dürfen, auch wenn es keine schriftlichen Überlieferungen zu ihrem Aussehen gibt.

Wesentlich mehr ist über die große, 1547 von Stefan Lilienpaum errichtete Orgel bekannt, die auf dem frühgotischen Westlettner stand, und einzig für die musikalische Begleitung der Westchorliturgie zuständig war, weshalb ihre Hauptansichtsseite gen Westen, das heißt zum Hauptaltar und den im Westchor sitzenden Domherren zeigte. In einem Protokolleintrag des Mainzer Domkapitels vom 2. Juli 1548 ist die Beauftragung eines nicht näher bekannten Malers Georg notiert, der die neue Orgel „grau in grau" anstreichen und das bekrönende „durchstochene holtzwerck" sowie die „knopff" (das sind die bekrönenden Zierabschlüsse) vergolden und die „säulen oben herum mit besten Farben zum vleissigsten versehen" sollte. Auf die Flügel seien auf der einen Seite die „Geburt", und auf der anderen die „Auferstehung Christi" zu malen. Interessant ist dabei die Anweisung, dass Meister Georg dazu noch „sonsten an einem Ort zum volck zu" weitere Darstellungen der vier Evangelisten und dazwischen die Wappen des Hl. Martin, des Domstifts sowie des amtierenden Erzbischofs anbringen sollte. Obwohl die Lilienpaum-Orgel eigentlich nur den Westchor musikalisch zu versorgen hatte, hielt man es offenbar für notwendig, auch deren Rückseite mit qualitätvollen Malereien zu versehen, da sie – hoch oben auf dem Lettner – eben auch vom Kirchenschiff aus und mithin vom Volk zu sehen war, sodass hier eine zweite, nicht minder würdig zu gestaltende Schauseite erforderlich wurde.

Auch bei der Erneuerung der älteren, um 1500 entstandenen Langschifforgel durch den Kölner Orgelmacher

Veit ten Bent im Jahr 1565 war dem Domkapitel daran gelegen, dass der klanglichen auch die gestalterische Qualität entsprach, indem es verlangte, dass das neue Werk „nit alleyn dem dombstifft rhuemlich sondern auch zierlich" gerate. Daher seien die neuen „corpore oder laden uff bestendigst, lustigst und zierlichst" zu verfertigen, was bedeutete, dass man sowohl ein handwerklich solides Instrument wünschte, als auch eines, das zur Verschönerung des Doms beitrug und dessen Anblick Freude bereitete.[2] Das Ergebnis dieser Bemühungen ist auf einer Zeichnung von Johann Andreas Papst aus dem Jahr 1743 zu sehen: Meister Veit hatte eine elegante Schwalbennestorgel mit Hauptwerk, Rückpositiv und Pedal gebaut, die an der nördlichen Langhauswand des Domes auf einer geschwungenen, nach unten spitz zulaufenden Tribüne aufsaß. Mit ihrem hohen, aus gerundeten Pfeifentürmen gebildeten, plastisch vor- und zurückspringenden Prospekt, dem kronenartigen Aufsatz und den filigranen Zierelementen präsentierte sich die Orgel wie eine monumentale Klangskulptur, die mit der umgebenden Architektur harmonisch verschmolz, obwohl sie im oberen Bereich zwei der romanischen Obergadenfenster verdeckte. Was den Eindruck einer an der Wand hängenden Skulptur enorm verstärkte, war die Tatsache, dass keine sichtbare Treppe zu diesem Instrument hinaufführte, sondern der Spieler versteckt, über einen Mauerdurchbruch vom Dachraum des nördlichen Seitenschiffgewölbes aus zum Spieltisch gelangte und so das Instrument für die im Kirchenschiff versammelten Gläubigen ‚wie von Zauberhand' zum Klingen bringen konnte. Bedauerlicherweise ging die Langhausorgel bei dem Dombrand von 1793 zugrunde und wurde nicht wieder hergestellt. Sie würde heute wohl ebenso bestaunt werden wie die historischen Schwalbennestorgeln im Straßburger und im Freiburger Münster[3].

Kriegsbeschädigungen hatten 1792 auch zur Entfernung der 1702 vom domkapitelschen Orgelmacher Johann Jakob Dahm erbauten Orgel geführt, die bis dahin auf der nördlichen Westchorschranke (sog. Chorette) aufgestellt war und ein architektonisch gegliedertes Gehäuse im Stil ihrer Zeit, mit gedrehten Säulenschäften, geschwungenem Kranzgesims und bekrönenden Flammenvasen besaß. Zeitweise reaktiviert und von Orgelmacher Franz Xaver Ripple 1804 unter Verwendung zahlreicher Originalteile an ihren alten Platz zurückversetzt, musste diese Orgel schließlich 1928 endgültig ihren Platz räumen, als im Zuge der großen Domrenovierung ein modernes Orgelwerk durch den Bonner Orgelbauer Klais konzipiert und realisiert wurde.

Wie eingangs erwähnt, fand damit ein Bruch mit der Tradition der schön gestalteten Orgelprospekte statt, die

den Dom über Jahrhunderte bereichert hatten, denn alle vier Teilwerke der Klais-Orgel wurden unsichtbar hinter dem barocken Westchorgestühl eingebaut und der Spieltisch unauffällig in die Stuhlreihen integriert. Der ungewöhnliche Orgelstandort war gewählt worden, weil man gegen die geprüften Alternativen, wie etwa auf den Choretten, in der Apsis des Ostchors oder an der Langhauswand, „große Bedenken architektonischer, raumtechnischer und raumakustischer Art" hegte.[4] Der Mainzer Musikhistoriker Adam Gottron, der die neue Orgel hinter dem Chorgestühl am klanglich denkbar schlechtesten Platz wähnte, ließ 1937 etwas deutlicher anklingen, dass man bei jener Entscheidung eher ästhetische als liturgische Kriterien berücksichtigt hatte.[5] Mit dem Umbau und der Erweiterung der Domorgel in den 1960er Jahren versuchte man die Mängel auszugleichen und es entstand mit drei weiteren Teilwerken (in den hochgelegenen Kapellenräumen des Ostchors, auf der Südchorette und an der nördlichen Querhauswand), die alle mit jenen der Klais-Orgel verbunden waren, eine der größten und komplexesten Orgeln in Deutschland. Doch letztlich erwies sie sich weder gestalterisch noch handwerklich oder raumakustisch als ein Meisterwerk, auch wenn ihr von dem späteren Domorganisten Albert Schönberger 1984 noch durchaus ein „faszinierender Klang" bescheinigt wurde.[6]

Über zehn Jahre später, als die Diskussionen um die

Diana Ecker

Zugang zur einstigen Spieltischempore der Schwalbennestorgel (1501–1793) über den Gewölben des nördlichen Seitenschiffs.

geplante Schwalbennestorgel bereits in vollem Gange waren, fiel Schönbergers Urteil über die klanglichen Qualitäten der Mainzer Domorgel, insbesondere der Werke von 1965, indes geradezu verheerend aus. Anzeichen von Altersschwäche, die aus der Verwendung schlechten Materials resultierten, und eine „unglückliche Verteilung der Orgeln im Raum", die zu den bereits genannten Echo- und Zeitverzögerungseffekten führten, ergaben häufig nurmehr einen „bloß wabernden Klangnebel", wie es in einem Zeitungsartikel der *Frankfurter Allgemeinen Zeitung* vom 28. Juni 1997 heißt. Bemerkenswerterweise wurden die musikalischen Defizite auch zu einem Gutteil der Denkmalpflege angelastet, deren Einwände gegen mögliche optische Beeinträchtigungen des romanischen Domes eine bessere Orgelplanung in jener Zeit verhindert hätten: „Die Musik wurde aus der Architektur verbannt", resümierte Schönberger in der *Frankfurter Allgemeinen Zeitung* – ein Satz, in dem ganz deutlich Trauer über ein ins Ungleichgewicht geratenes Verhältnis von ‚Sehen und Hören', von bildender und tönender Kunst, mitschwingt.

Auf der anderen Seite befürchteten Denkmalpfleger, wie der spätere Landeskonservator von Rheinland-Pfalz, Dr. Joachim Glatz, dass mit dem Bau einer zusätzlichen Langhausorgel das Pendel in die Gegenrichtung ausschlagen könnte, denn es zeichnete sich ab, dass das neue Hauptwerk nicht die bescheidenen Dimensionen der Vorgängerorgel aus dem 16. Jahrhundert beibehalten und damit eher einem „Adlerhorst als einem Schwalbennest gleichen würde". Hinzu kam, dass eine Reaktivierung des Mauerdurchbruchs ins Seitenschiffgewölbe für den Orgelzugang nicht mehr ohne weiteres möglich war, da sich seit dem 19. Jahrhundert, genau in Höhe der einstigen Zugangsöffnung, der Wandmalereizyklus des Nazareners Philipp Veit befand. Für alternative Orgelzugänge konnten nur ganz unmögliche gestalterische Lösungen, wie etwa das Herumführen einer Metalltreppe um den betreffenden Mittelschiffpfeiler, gefunden werden, die eine eher peinliche Wirkung erzielt hätten.[7]

Im damaligen Ringen für oder gegen das ‚Schwalbennest' offenbarte sich ein gegenseitiges Unverständnis für die Belange der jeweiligen Gegenseite. Indem etwa die Denkmalpflege die Notwendigkeit einer neuen Orgel grundsätzlich in Frage stellte und stattdessen dafür plädierte, die vorhandenen Orgelwerke zu verbessern und gegebenenfalls zu ergänzen, zeigte sich, dass die seitens der Musiker vorgetragenen Bedürfnisse nicht verstanden wurden.[8] Umgekehrt ließen die teilweise abenteuerlichen, von Musikerseite in die Diskussion geworfenen Vorschläge, wie etwa die Abnahme von zwei Wandgemälden und deren Transferierung ins Dom- und Diözesanmuseum, oder gar deren Übertragung auf zwei große Orgelflügel, wenig Kenntnis und Sensibilität in bildkünstlerischen Dingen erkennen.

„Musik kontra Malerei", titelte die *Mainzer Rheinzeitung* am 4. März 1997 und referierte im zugehörigen Artikel ein Plädoyer des Malereiexperten Norbert Suhr für die friedliche und konstruktive Austragung dieses „Wettstreits der Künste".[9] Weitere Stimmen, wie die des ehemaligen Kölner Diözesanbaumeisters Josef Rüenauver mahnten ebenfalls zu einem konstruktiven, beide Seiten ausreichend berücksichtigenden Vorgehen. Er gab zu bedenken, dass „eine gegen den Raum gerichtete Orgel auch ihren liturgischen Auftrag nicht wird erfüllen können".[10]

2005 dann die Wende: In den Rahmenbeschreibungen für einen neuen Ideenwettbewerb zur Mainzer Domorgel ist von dem bislang favorisierten Schwalbennestprojekt nichts mehr zu lesen. Stattdessen ist nun von einem Standort am Marktportal die Rede, der bis dato noch nie in Erwägung gezogen worden war.[11] Was war passiert?

Domorganist a. D. Albert Schönberger erinnert sich: „Ein Orgelstandort im nördlichen Seitenschiff war durchaus schon einmal angedacht, aber immer wieder verworfen worden, weil befürchtet wurde, dass die mächtigen Arkadenpfeiler die Klangabstrahlung ins Mittelschiff, wo die Gemeinde sitzt, behindern würden. Während einer nächtlichen Klangprobe im Dom geschah aber etwas Unerwartetes. Nachdem ich an mehreren Stellen ausprobiert hatte, wie sich der Ton im Raum entfaltet, stellte ich im Bereich der Marienkapelle fest, dass die romanischen Pfeiler den Ton keineswegs aufhielten, sondern im Gegenteil, seine Lenkung ins Mittelschiff geradezu beförderten. In diesem Moment wurde mir klar, dass wir nicht gegen, sondern mit der Architektur gehen mussten."[12]

Mit dieser Erkenntnis war ein Knoten gelöst worden, der rund 20 Jahre lang das neue Orgelprojekt blockiert hatte. Es gab nun eine Alternative zur Schwalbennestorgel im Langhaus, die nicht bloß ein unbefriedigender Kompromiss war, sondern von musikalischer wie von denkmalpflegerischer Seite gleichermaßen unterstützt und getragen werden konnte. Gleichwohl dauerte es noch rund 15 weitere Jahre, bis mit dem ersten Bauabschnitt der neuen Domorgel begonnen wurde. Das Ringen zwischen Denkmalpflege und Musik war damit keineswegs beendet, aber man steuerte nicht mehr in eine Sackgasse hinein, sondern befand sich auf einem gemeinsamen Weg, der Möglichkeiten zur konstruktiven Gestaltung eröffnete.

Mit der Beauftragung der Orgelbaufirmen Goll (Luzern/Schweiz) und Rieger (Schwarzach/Österreich) wurde das Projekt in versierte Hände gelegt, die für höchste handwerkliche und klangliche Qualität sorgen. Mit einem separaten Gestaltungsauftrag für das Orgelwerk am Standort Marktportal/Marienkapelle an den Architekten Thomas Schmitz (RWTH Aachen) bewies man hohes Qualitätsbewusstsein und Fingerspitzengefühl. Entstanden ist ein tönender Blickfang, eine klingende Architektur, die nachhaltig gebaut ist, klanglich überzeugt und dem Auge Freude bereitet – oder mit den Worten des Domkapitels im 16. Jahrhundert gesprochen –, die „aufs bestendigst, lustigst und zierlichst" gefertigt wurde. Man kann im Rückblick auf die lange Reifezeit der neuen Mainzer Domorgel nur dankbar dafür sein, dass sich die verantwortlichen Akteure diese Zeit genommen haben, um am Ende zu einem wirklich guten Ergebnis zu gelangen, das in der ‚Harmonie der Sinne' gründet.

---

1 Ob darüber hinaus in Mittelalter und früher Neuzeit eine Wechselwirkung zwischen Musik, Architektur und Bildender Kunst bestand, etwa indem musikalische Entwicklungen möglicherweise zu bestimmten Neuerungen im Kirchenbau führten, ist eine spannende Frage, der sich aktuell Kunst- und Musikwissenschaft verstärkt in interdisziplinärer Zusammenarbeit widmen, wie etwa im Forschungsprojekt ‚Cantoria' der Johannes Gutenberg-Universität Mainz.
2 Franz Bösken, *Quellen und Forschungen zur Orgelgeschichte des Mittelrheins Bd. 1*, Mainz 1967, S. 73.
3 Vgl. die Abbildung auf S. 129; die hier (S. 101) abgebildete Zeichnung ist ein Bildausschnitt aus einer Innenansicht des Mainzer Doms gegen Westen, zwischen 1755 und 1793, Öl auf Buchenholz; Trier, Museum am Dom, Inv.-Nr. M 26.
4 Aloys Strempel, *Die Rettung des Mainzer Domes*, Mainz 1928, S. 109.
5 Adam Gottron, „Die Orgeln des Mainzer Doms", in: *Mainzer Zeitschrift* 32 (1937), S. 53–58, hier S. 58: „Vielleicht entschließt sich eine kommende Zeit, der es bei der Gestaltung des Innenraumes einer Kirche mehr um liturgische als aesthetische Dinge geht, doch wieder zu einer kleinen Chororgel und einer ferngesteuerten beiderseitigen Chorettenorgel." Hinsichtlich einer möglichen Langhausorgel wies Gottron darauf hin, dass dieses nur „ein mäßig großes Werk" sein dürfe.
6 Albert Schönberger, „Die Konzeption der Orgelanlage aus dem Jahre 1965", in: *Neues Jahrbuch für das Bistum Mainz 1984*, Mainz 1987, S. 11: „Beim Zusammenspiel aller Orgeln ergibt sich ein faszinierender Klang, der sich in dem gewaltigen Raum zu majestätischem Glanz und strahlender Schönheit entfaltet."
7 Siehe hierzu den sich kritisch mit der „neuen Mode überdimensionierter Schwalbennestorgeln" in historisch bedeutsamen Kirchen auseinandersetzenden Beitrag von Dethard von Winterfeld, „Alte Kirchen und ihre neuen Orgeln", in: *Die Denkmalpflege* 53 (1995) Heft 1, S. 33–46, hier S. 45.
8 Brief von Joachim Glatz an Baudirektor Manfred Stollenwerk und Diözesankonservator Hans-Jürgen Kotzur vom 4. Februar 1997 (Akten der kirchlichen Denkmalpflege Bistum Mainz).
9 In diesem Artikel meldete sich der ehemalige Leiter der graphischen Sammlung des Mainzer Landesmuseums Norbert Suhr zu Wort, der die Qualität der Veit-Gemälde im Dom erläuterte und forderte, dass das neue Orgelprojekt nicht „zur Vernichtung der Schwesterkunst" der Malerei führen dürfe.
10 Brief von Diözesanbaumeister Josef Rüenauver, Köln, an Bischof Karl Lehmann vom 12. April 1999 (Akten der Kirchlichen Denkmalpflege Bistum Mainz).
11 Rahmenbeschreibung für einen Ideenwettbewerb zur Mainzer Domorgel vom 20. Mai 2005 (Akten der kirchlichen Denkmalpflege Bistum Mainz).
12 Ich danke Herrn Albert Schönberger, von 1985 bis 2010 Domorganist am Hohen Dom zu Mainz, für das freundliche und informative Gespräch, das ich am 3. Februar 2022 über die Genese des neuen Domorgelprojekts mit ihm führen konnte.

**DIE ORGELWEIHE
IM SOMMER 2022**

Die Orgelweihe im Sommer 2022

Die Orgelweihe im Sommer 2022

Bischof Dr. Peter Kohlgraf weiht die neue Domorgel. Ihm zur Seite Domdekan
Henning Priesel (rechts) und Domdekan em. Heinz Heckwolf (links)

Die Orgelweihe im Sommer 2022

Die Orgelweihe im Sommer 2022

109

Die Orgelweihe im Sommer 2022

Simon Hebeisen, Orgelbau Goll

Die Orgelweihe im Sommer 2022

Domdekan Henning Priesel (links) dankt den Orgelbauern für die großartige Arbeit. Rechts: Wendelin Eberle, Rieger Orgelbau

Intonateur Daniel Orth (Rieger Orgelbau) im Gespräch mit Bischof Dr. Peter Kohlgraf

Festkonzert zur Orgelweihe ▸

Die Orgelweihe im Sommer 2022

Bischof Dr. Peter Kohlgraf und Domorganist Daniel Beckmann spielen vierhändig und -füßig im ersten Konzert auf der frisch geweihten Domorgel

Die Orgelweihe im Sommer 2022

Weihbischof Dr. Udo Markus Bentz (links) und Domdekan Henning Priesel (rechts)

Die Orgelweihe im Sommer 2022

Die Orgelweihe im Sommer 2022

„DER DOM SPIELT MIT!"
EIN GESPRÄCH MIT BIRGER PETERSEN

ALBERT SCHÖNBERGER

Der 1949 in Augsburg geborene Albert Schönberger studierte Kirchenmusik in Regensburg und von 1978 bis 1981 in München, unter anderem in der Orgelklasse von Gerhard Weinberger. Schönberger wurde 1981 zunächst als Dompfarrorganist und Dozent an das Institut für Kirchenmusik nach Mainz berufen und schließlich am 1. März 1985 – in der Nachfolge von Monsignore Heino Schneider – Domorganist am Mainzer Dom. Von 1983 bis 1994 lehrte Schönberger Orgelliteraturspiel und Orgelimprovisation an der Johannes Gutenberg-Universität Mainz und nahm 1984 zusätzlich einen Lehrauftrag an der Hochschule für Musik in Detmold wahr. Er initiierte 1986 die Orgelmatineen im Mainzer Dom; gemeinsam mit Domdekan Heinz Heckwolf entstand die Reihe „Wort & Klang" im Advent. In den Ruhestand wurde er 2010 verabschiedet. Schönberger hat zahlreiche Tonträger eingespielt und auch selbst vornehmlich geistliche Werke komponiert, darunter ein *Mainzer Credo* (2008) aus Anlass des 25. Bischofsjubiläums von Karl Kardinal Lehmann. Er wurde 2011 für seine Verdienste mit der Peter-Cornelius-Plakette des Landes Rheinland-Pfalz ausgezeichnet. Albert Schönberger lebt seit seinem Ruhestand in Thüringen. Das folgende Gespräch mit Birger Petersen fand an Mariä Lichtmess 2022 in Mainz statt.

Lieber Albert Schönberger, Sie haben von 1981 an den Orgeldienst am Hohen Dom zu Mainz versehen. Wie gestalteten sich Ihre ersten Gespräche mit dem Domkapitel?

Zu ersten Begegnungen kam es bereits 1979. Domorganist Msgr. Heino Schneider bat das Domkapitel um Entlastung in seinen umfänglichen Diensten. So wandte sich der damalige Domdekan, der Apostolische Protonotar Prälat Hermann Berg auch an mich. Es war ein atmosphärisch angenehmes Treffen, brachte inhaltlich aber keine „Stimmigkeit" in den Sachfragen, vor allem hinsichtlich einer konkreten Stellenbeschreibung. 1981 dann kam es zu einer neuerlichen Begegnung mit konstruktivem Austausch, der letztlich zu einer Anstellung als Organist am Dom führte.

Ihr Titel lautete 1981 zunächst „Dompfarr-Organist" – welchen Hintergrund hatte diese Amtsbezeichnung?

Nun, mein Vorgänger war als Dompräbendat Mitglied des Domstifts und war tätig in der Bischöflichen Kanzlei und als Dom-Stiftsorganist. Als solcher nahm er auch Dienste für die Dompfarrei wahr. So war ich – zu seiner Entlastung – dem Dienst in der Dompfarrei zugeteilt und auch für St. Quintin zuständig, dazu oblag mir noch die Stiftsmesse im Dom. Zusätzlich war sollte ich als Dozent für Orgelspiel am Bischöflichen Institut für Kirchenmusik unterrichten.

Wie gestaltete sich Ihr erster Kontakt zu dem komplexen Instrument der Mainzer Kathedrale?

Auf den ersten Blick war ich sehr beeindruckt: gleich sechs (!) Manuale mit Pedal – und dann die Weite und Tiefe des Raums des mächtigen Doms. Der Spieltisch glich dem Cockpit eines Flugzeugs, nahezu über 800 Bedienungselemente ... na ja, ich hatte ja meinen „Pilotenschein" durch meine intensive Ausbildung an der traditionsreichen Hochschule für Kirchenmusik Regensburg und der Hochschule für Musik und Theater München, war also gewappnet, auch durch meine langjährige Erfahrung als Chorregent, Kantor und Organist.

Das große Werk der Domorgel stammt ja ursprünglich von der Firma Klais aus Bonn und erfuhr später eine Erweiterung durch die Firma Kemper (Lübeck). Welche Differenzierungen gab es da für Sie von vornherein zwischen den Registern von Klais und Kemper?

Sehr wohl gab es da Unterschiede: ein ausgewogenes Klangkonzept, gutes Pfeifenmaterial und feine Intonation bei der Klais-Orgel mit ihren 75 klingenden Registern, verteilt auf vier Manuale und Pedal. Sie sollte den Dom „beschallen". Ihr Standort lag hinter dem Chorgestühl im Westchor, der nach damaligen Gutachten als „ideal und ausreichend" betrachtet wurde.

Im liturgischen Alltag zeigte sich dies jedoch mehr und mehr als unzureichend, zumal über das heraufkommende II. Vatikanische Konzil es auch zu Überlegungen für neue Formen und Gestaltung der Liturgie kam – wie z. B. die aktive Einbindung verschiedener Rollenträger wie Lektoren, Kantoren, Schola, Chor und schließlich auch der versammelten Gemeinde in ihren Gesängen. Die verschiedenen Rollenträger hatten unterschiedliche Orte, wobei die versammelte Gemeinde, die aus der Perspektive des Organisten – auf der südlichen Empore seinen Platz hatte – am weitesten entfernt war. Eine entsprechend gerechte Begleitung all derer war durch die seitherige Position der Orgel am „versteckten" Ort hinter dem barocken Chorgestühl im Westchor des Doms.

Hier stellte man in den 1960er Jahren Überlegungen an für eine neue Aufteilung und zugleich einer Erweiterung der Anlage, um den Herausforderungen gerecht zu werden. So kam es zu Teilwerken an der Wand des nördlichen Querhauses sowie auf der südlichen Empore und einem Werk in den beiden oberen Kapellenräumen des Ostchors. Alle sechs Teilwerke konnten mit ihren 7.928 Pfeifen vom 6-manualigen Zentralspieltisch auf der Süd-Empore angespielt werden. So entstand das „Cockpit" für die „alte Dame".

Hatten Sie zu Kemper eigentlich noch Kontakt? Noch in den 1960er Jahren gehörte die Lübecker Werkstatt ja auch in Rheinhessen zu den gefragtesten Orgelfirmen.

Nein, Kemper kannte ich nicht mehr persönlich. Die Firma hatte einen Mitarbeiter in unserem Sprengel, der die bestehenden Instrumente in der Diözese wartete, pflegte und stimmte. Und so kam man damals wohl auch auf Kemper zu sprechen.

Wie und wann kam denn erstmals die Idee einer Schwalbennest-Orgel im Langhaus auf?

Die Erfahrungen im liturgisch-musikalischen Alltag zeigten sehr rasch die Nachteile einer solch gewaltigen Aufteilung einzelner Teilwerke. Materialermüdung, immer häufiger auftretende Störungen im System der Pneumatik, im System der Kegelladen und Taschenladen sowie der Elektrik, die viel zu schwach ausgelegt und veraltet war, erinnerten uns daran, etwas dagegen zu unternehmen. Hinzu kam die krasse Unterschiedlichkeit der Klänge in den einzelnen Teilwerken: Die sogenannte „Klangpyramide" war insgesamt zu steil angelegt.

Allerdings zeigte sich die Orgel von Klais in sich gesehen als sehr interessant, ausgewogen in der romantischen Disposition. Das Gegenstück von Kemper – zum Beispiel mit den vielen Kupferpfeifen – musste kritischer gesehen werden. Und da war immer noch das akustische Moment des Doms mit den weiten Schallwegen und den Reflexionen der Klänge, noch dazu überall hin ... nur nicht zur versammelten Gemeinde. Alles zeigte sich mir eher als „Dolomiten-Echo". Hier war der Ansatz zu den Fragen, wie wir das anders und gar neu lösen könnten ...!

Und die Schwalbe ... ?

Ja, die Schwalbe ... sie flog schon ab 1501/02 durch den Dom und baute sich das Nest an der nördlichen Langschiffwand, gegenüber der heutigen Kanzel. Ein gut gewählter Platz, ein schmuckes „Klangnest", wie ein historisches Bildnis dieser Langhaus-Orgel im Diözesanmuseums des Bistums Trier zeigt. Da hatte ich meinen „Aufhänger" gefunden: Ich dachte, dies könnte eine guter, interessanter und anregender Anstoß zu möglichen Beratungen werden. So wandte ich mich 1986 an Bischof und Domkapitel. Mir lag auch an einer Sensibilisierung nach innen (Domverantwortliche) und außen (Gottesdienstbesucher ...). Ein sich lange hinziehendes Prozedere sollte nun in Gang kommen.

Welche Orgelbauer standen ihnen in Ihren Überlegungen zur Seite?

Nun, zunächst einmal brauchte es die Zustimmung des Domkapitels zu Sondierungen in vielen Gesprächen. Freilich war ich als Orgelsachverständiger damals auch in Kontakt mit so manchen Orgelbauern. Aber zu einem solchen Unterfangen bedurfte es der Einrichtung einer Domorgel-Kommission.

Sehr intensive, engagierte Diskussionen, auch manchmal emotionale Beratungen, führten nach und nach zu den Orgelbauern. Wir hatten namhafte und erfahrene Werkstätten ausgesucht und zu Vorschlägen eingeladen, die dann im weiteren Verlauf der Kommissionssitzungen beraten, verglichen und begutachtet, teils auch wieder verworfen und neuerlich ausgestaltet wurden usw.

Der Dom in seiner Bedeutung, seiner Architektur und seiner bestehenden Ausgestaltung, zum Beispiel den Nazarener-Bildern und vieles mehr, stellten für uns alle eine große Herausforderung dar. Alle suchten wir nach einer möglichst verträglichen Lösung und verfolgten zunächst relativ lange die Idee der Schwalbennest-Orgel.

Gründete sich die Initiative „Mainzer Domorgel" in dieser Phase?

Domorganist a.D. Albert Schönberger

Zunächst wandten sich viele Interessierte an mich in ihren bohrenden Nachfragen. Ein kleiner Kreis setzte sich zwar mehrmals zusammen, aber wir waren kein offizielles Gremium. Grund: Im Hintergrund sollte sich ein „Dombau-Verein e.V." gründen, was wir erst später erfuhren. So hielten wir Abstand von unserer Idee. Zwei Vereine für ein Thema ... das wäre nicht konstruktiv gewesen.

Zu welchem Zeitpunkt haben Sie von einer Langhaus-Orgel Abstand genommen?

Wie ich vorhin schon anmerkte, zog es sich in die Länge mit dem Thema und wir kamen gemeinsam zur Einsicht, dass es einen „anderen Weg" zu einer möglichen Lösung geben müsse. Immerhin war inzwischen die Notwendigkeit einer neuen Orgel unumstritten. Ein breiter Konsens hinsichtlich der liturgisch-musikalischen Ansprüche zeigte sich allemal, aber die bauliche, denkmalpflegerische Betrachtung bereitete allen großes Kopfzerbrechen.

    Und so machte ich mir in den 1990er Jahren Gedanken über eine andere Möglichkeit. Das Plateau über dem Eingang vom Markt her beziehungsweise am Marienaltar: Was für ein Raum! Der eher einer Dunkelkammer zu gleichen schien, auf der man so manches ablegte, was nicht sofort gebraucht wurde. Aber interessant: die Höhe, auch etwas Platz in der Fläche ... und etwas weniger stark im Blickfeld. Er war ja bislang noch niemanden wirklich aufgefallen. Und da beschäftigte ich mich mit dieser Stelle, machte ganz persönlich gehaltene Klangproben usw. Der akustisch bestens geeignete Standort und – ganz besonders wichtig –: eine hier mögliche Orgel, weniger im Blickfeld und somit weniger belastend für die Raumarchitektur, schien vielversprechend zu sein. Mir war, als hätte Maria leise schmunzelnd ihr *Magnificat* nochmal einmal angestimmt und ihre Befürwortung zum Ausdruck gebracht. Ich spürte: Der Standort könnte es sein.

    Auch Domdekan Prälat Heinz Heckwolf hatte sich bisher schon interessiert und positiv aktiv in der Orgelfrage gezeigt. Er schaute sich meinen Vorschlag gemeinsam mit mir an und ich glaube ... er hatte das Gefühl, einen passenden „Schlüssel zur Orgelfrage" in die Hand bekommen zu haben.

Wie ging es dann weiter, und welche Reaktionen waren zu erwarten?

Albert Schönberger

Zunächst war ein deutliches Aufatmen zu spüren bei allen, weil weg vom Langhaus und aus dem Blickfeld – Schonung der Architektur. Alle Teilnehmer an den bisherigen Beratungen waren offen für den möglichen neuen Weg hin zu einem optimalen ersten Schritt. Und so nahmen die Dinge ihren weiteren Verlauf. Interessante und mehr und mehr geeignete Ergebnisse zeigten sich in den neu gestalteten Vorschlägen der verschiedenen einbezogenen Orgelbauer. Um es kurz zu sagen: es kam zu einer grundsätzlich positiven Bewertung der Idee für diesen neuen Standort einer echten „Gemeinde-Orgel" und zur bislang diskutierten Gesamtkonzeption einschließlich einer Ostchororgel, die ob ihres kritischen Zustands gänzlich erneuert werden musste, und der Rückführung der Westchor-Orgel in ihren Urzustand von 1928.

Sie gingen ja 2010 in den Ruhestand und erlebten somit das weitere Prozedere und die Fertigstellung der neuen Orgel nicht mehr im aktiven Dienst. Sind Sie enttäuscht?

Oh nein! Ganz im Gegenteil: Ich bin sehr glücklich über das Erreichte und dankbar allen, die uns für den Dom diesen Weg dahin bereiten halfen.

Das Prozedere lief ja in den Detailberatungen noch ein paar Jahre, wodurch sich mein Nachfolger als Domorganist Daniel Beckmann auch intensiv auf das Projekt einlassen konnte. Und er nahm die Chance in wunderbarer Weise wahr. Zusammen mit den Gremien sowie mit den ausgewählten Orgelbauern tüftelte er interessante Dispositionen für die drei Orgeln (die Marktportal-Orgel als Gemeinde-Orgel, die Ostchor-Orgel als symphonisches Werk und die Westchor-Orgel für die Chorbegleitung) aus, die als Gesamtwerk zu sehen sind.

Die Fertigstellung und die Segnung der Orgel am Marktportal (1. Bauabschnitt) am 19. September 2021 durfte ich miterleben. Was für ein Gefühl, ein Glücksgefühl, nach so vielen Jahren aktiv und nun als einfacher Hörer im Langhaus sitzend den neuen Klängen lauschen zu dürfen: den Klängen im Wort des Bischofs Peter Kohlgraf, der die Bedeutung des Instruments Orgel und der Kirchenmusik bekenntnisreich umschrieb (wie er es bereits praktisch im Benefizkonzert für die Domorgel zusammen mit Daniel Beckmann an der Domorgel vierhändig Maurice Ravels *Bolero* erklingen ließ – grandios!!!), den Klängen im Wort des Domdekans Prälat Heckwolf, der anschaulich den Werdegang des Prozedere beschrieb, und den Klängen des Domorganisten Daniel Beckmann, der in ausgezeichneter, gekonnter Weise das ganze Klangfarbenspektrum der neuen Orgel vorführte in der Darstellung großer Literatur. Er zeigte, was das Instrument alles an Möglichkeiten bot, vom leisesten Ton bis hin zum *fortissimo*. Beeindruckend! Die Orgelbauer erzählten im Voraus, wie und was sie alles zu tun hatten. Es galt Neues mit Traditionellem zu verbinden, es galt der Orgel ein gutes Aussehen zu geben und vor allem ihr einen Klang zu ermöglichen, der ein besonderer sein musste. Es ist ein wunderbar klingendes Instrument geworden.

Allen Beteiligten, Befürwortern, Förderern, Spendern und stillen positiven Begleitern ein sehr herzliches, inniges „Vergelt's Gott"! Der Domgemeinde meinen herzlichen Glückwunsch – und meinem Kollegen und Freund Daniel Beckmann viel Freude beim Musizieren in den feierlichen Gottesdiensten und auch den Konzerten!

DIE ORGELN DES MAINZER DOMS UND IHRE ERBAUER VON 1334 BIS 1928

ACHIM SEIP

Die Geschichte der Mainzer Domorgeln ist lang und bewegt. Gesicherte Daten liegen allerdings nur von wenigen Werken vor.[1] Vieles muss aus liturgischen und baugeschichtlichen Hinweisen erschlossen werden. Adam Gottron[2] listet in seinen Forschungen acht Orgelwerke auf, Franz Bösken[3] 14 einschließlich der Domorgelanlage von 1965.

Von den Anfängen bis zur Gegenwart gab es im Dom keinen festen Platz für eine Orgel. Es existierten fast immer zwei oder drei Orgeln gleichzeitig an verschiedenen Stellen. Gottron nennt als Gründe hierfür den romanischen Baustil, der überhaupt keinen Platz für eine Orgel vorsah, die schwierigen akustischen Verhältnisse im Dom sowie die verschiedenen liturgischen Bedürfnisse.[4]

Aufgrund der doppelchörigen Anlage der Bischofskirche entwickelten sich zwei liturgische Pole, denen Orgelwerke zugeordnet waren. Entgegen der üblichen Kirchengestaltung wurde der Hauptaltar nicht im Osten, sondern im Westen aufgestellt. Diese bis heute unveränderte Ausrichtung entspricht der Anordnung des Papstaltars im alten Petersdom in Rom. Der Anspruch des Heiligen Stuhls von Mainz als ein „Zweites Rom" wurde dadurch ebenso unmissverständlich demonstriert wie durch die gewaltigen Ausmaße der Kathedrale. 1243 wurde der Westlettner geweiht. Die gotische Chorschranke trennte das Langhaus vom Westchor und war eine frühe Arbeit des „Naumburger Meisters". Wenig später entstand in der gleichen Werkstatt der Ostlettner des Doms.[5]

Im Westchor feierte das Domstift seine Gottesdienste, während der Ostchor für die Dompfarrei bestimmt war. Mit Weihedatum und Errichtung beider Lettner dürfte auch der Bau der ersten Orgeln korrelieren. Wenn auch aus dieser Zeit noch keine entsprechenden Nachrichten vorhanden sind, kann dennoch angenommen werden, dass zumindest eine Orgel vorhanden war.[6]

1334 wird zum ersten Mal in dem Testament des Cantors Eberhard de Lapide eine Domorgel erwähnt, doch fehlen genaue Angaben über Standort, Registerzahl, Orgelbauer usw. 1390 ist das Vorhandensein eines Organisten erstmals belegt. Die ersten Hinweise auf eine Orgel stammen aus dem Jahr 1468. In diesem Jahr wurde eine Orgel auf dem Lettner des Ostchores aufgestellt, die zur Chorbegleitung eingesetzt wurde. 1490 wird von einer neuen Orgel auf dem Lettner des Ostchores berichtet, die vermutlich von Hans Tugy aus Basel an der Nordseite erbaut worden war; dieser Meister hatte 1496 für das Stift St. Peter in Basel eine Orgel aufgestellt und dabei einen Orgelbau in Mainz erwähnt.

1985 rekonstruierte die niederländische Werkstatt Blank in Zusammenarbeit mit Bernhardt Edskes die von Tugy zwischen 1487 und 1493 für die Baseler Predigerkirche St. Johann (heute altkatholische Kirche) gebaute Schwalbennestorgel.[7] Dieses dort an der südlichen Lettnerseite platzierte Instrument mit elf Registern, zwei Manualen und angehängtem Pedal vermittelt einen guten Eindruck, wie Tugys Orgel für den Mainzer Dom ausgesehen und geklungen haben könnte.

In den Jahren 1501/02 wurde eine große Langschifforgel gegenüber der Kanzel an der Nordwand erbaut, die im Laufe der Zeit mehrfach verändert wurde. Auch für diesen Bau gibt es keine Hinweise auf einen Orgelbauer, doch kann man wiederum Hans Tugy als Erbauer annehmen, da er 1512 die Schwalbennestorgel reparierte. Gleichzeitig sollte noch eine „kleine Orgel" innerhalb von acht Tagen gestimmt werden. Es ist möglich, dass es sich hierbei um eine dritte, vorher nicht erwähnte Orgel handelte.

1516 reparierte Henricus Hane aus Köln die Bälge. Meister Jacob von Horb baute 1535 ein neues Register ein. Bereits in den Jahren 1545/46 mussten alle Domorgeln gründlich renoviert werden. Baumeister Hanß Fogk sollte alle drei Orgeln besichtigen, womit die Orgeln auf dem West- und dem Ostlettner sowie die Langschifforgel gemeint sein könnten. Die Reparaturen führte Vikar Steffan Lilienpaum aus, der gleichzeitig Orgelbauer war. Er baute 1547 auf dem Lettner des Westchors eine neue Orgel und wartete diese bis zu seinem Tod im Jahr 1560.

Bereits im Mai des Jahres 1560 wies Domorganist Johann Gertinger darauf hin, dass die Lettner- und die Langschifforgeln reparaturbedürftig seien. Das Domkapitel wandte sich daraufhin an den Kölner Orgelmacher

Achim Seip

Die Schwalbennest-Orgel in der Baseler Predigerkirche St. Johann

Veit ten Bent, der im Juli 1560 einen Kostenvoranschlag vorlegte. Er reparierte zunächst ein Orgelpositiv, baute aber noch im gleichen Jahr eine neue Langschifforgel, die aus Hauptwerk und Rückpositiv bestand. Der Prospekt ist in einer Federzeichnung von Johann Andreas Papst aus dem Jahr 1743 erhalten. Franz Bösken vermutet, dass der Aufbau des Hauptwerks nach brabanter Vorbild aus einer Windlade für den aufgeteilten Prinzipalchor und einer Lade für den Weitchor, inklusive einem Zungenregister, bestand.

Renovierungen der Langschifforgel erfolgten 1584 durch Nicolaus Niehoff (Köln), 1606/07 durch Orgelmacher Grorock (Frankfurt/Main) und 1627 durch Florentz Hocque aus Köln, der das Werk außerdem veränderte.

1587 beschloss das Domkapitel, die Orgel auf dem Westlettner abtragen zu lassen. 1611 stellte dort ein Orgelmacher aus Lohr am Main (vermutlich Friedrich Küntzinger) eine neue Orgel auf. Florentz Hocque lieferte 1630 ein zusätzliches Positiv für den Westchor. Dieses wurde 1740 nach Assmannshausen verkauft. Mit dem Abriss der beiden Lettner 1682/83 wurden auch die dort aufgestellten Orgeln beseitigt. Im Westchor wurden zwei seitliche Chorbühnen (Choretten) errichtet. Die nördliche Chorette erhielt 1701/02 eine neue große Orgel durch den „Domkapitelschen Orgelmacher" Johann Jakob Dahm (1682–1727); diese Orgel wurde nach ihrem Stifter Johann Ludwig Cüntzer auch „Cüntzersche Orgel" genannt. Sie hatte 34 Register, die auf drei Manuale und Pedal verteilt waren. Das Gehäuse hatte nach drei Seiten Prospektfronten, zwischen Orgel und Querhauswand war die Balgkammer untergebracht.

Nach diesem Neubau wurde für einen Zeitraum von über 160 Jahren kein weiteres Orgelwerk im Dom errichtet. Die Arbeiten der Orgelbauer beschränkten sich auf Wartungen, Stimmungen und Reparaturen. Die Meister, die diese Arbeiten im 18. Jahrhundert ausführten, erhielten den Titel eines „Domkapitelschen Orgelmachers". 1705 ist dieser Titel erstmals bei Johann Jakob Dahm aufgeführt.

Unter dem kunstsinnigen Kurfürsten Lothar Franz von Schönborn (1655–1729) kamen Orgelbauer aus Würzburg nach Mainz, welche die mainfränkische Orgelbautradition in den mittelrheinischen Raum brachten. Neben

128

Die Langschifforgel, zerstört 1793

Erhaltene Gehäuseteile der Cüntzerschen Orgel

dem bereits genannten Johann Jakob Dahm war ab 1712 Johann Anton Ignaz Will (1674–1726) tätig.

Die Nachfolge von Dahm und Will traten folgende Orgelbauer an:
- Johannes Kohlhaas d. Ä. (1691–1757) und seine Söhne,
- Johannes Christoph Kohlhaas d. J. (1736–1775) und
- Heinrich Konrad Kohlhaas (um 1738–1815).[8]

Dahm, Will und die beiden Orgelbauer Johannes Kohlhaas wurden vor allem durch ihre Orgelwerke außerhalb des Doms und außerhalb von Mainz bekannt (z. B. Dahms Orgel 1706–1709 im Kloster Eberbach im Rheingau, die Will-Orgel 1718/19 in der Franziskanerkirche Oppenheim, die Kohlhaas-Orgel um 1730 in der Liebfrauenkirche Worms und die Kohlhaas-Orgel 1765 in Groß-Winternheim, St. Johann Baptist). Von Heinrich Konrad Kohlhaas sind dagegen nur Reparaturen im Mainzer Raum bekannt.

Als letzter Orgelmacher des Domkapitels verdiente Franz Xaver Ripple (get. 1758–1808) während der Säkularisierungen als Folge der Französischen Revolution gut mit dem Handel von Orgeln.[9] Ripple erlebte die Beschießung von Mainz 1793 mit den verheerenden Folgen für Kirchen und Orgeln. Auch der Dom geriet in Brand, Ostchor und Langhaus wurden zerstört und damit auch die Langschifforgel. Der westliche Teil des Bauwerks blieb verschont. 1794/95 baute Ripple die Dahm-Orgel auf der Nordchorette ab und lagerte ihre Teile in Hochheim und in Miltenberg am Main aus. Im Westchor wurden weiterhin Gottesdienste abgehalten und von einer Übergangsorgel begleitet, die Ripple in Pflege hatte.

1804 konnte unter Bischof Colmar (1760–1818) der Dom vor dem Abbruch gerettet und wieder eingeweiht werden. Nach zehnjähriger Auslagerung erfolgte der Rücktransport der Dahm-Orgel. Sie wurde von Ripple aufgestellt und renoviert.

Franz Lorenz Kleiner (auch „Franz Lorenz Ripple", get. 1768–1819) lernte vermutlich in der Werkstatt seines Stiefvaters sein Handwerk und führte nach dessen Tod als Geselle die Werkstatt weiter. Sein Mitwirken ist nachweisbar bei Reparaturen der Domorgel seines Stiefvaters zwischen 1816 und 1819.[10]

Achim Seip

Bernhard und Hermann Dreymann

Nach dem Abzug der Franzosen unterstand Mainz als Bundesfestung von 1814 bis 1866 der wechselnden militärischen Administration Preußens und Österreichs. 1801 und 1821/27 wurde das Gebiet des Bistums neu umschrieben. Es umfasst seither das damalige Großherzogtum Hessen-Darmstadt mit den Provinzen Rheinhessen, Starkenburg und Oberhessen sowie als Exklave die ehemalige Freie Reichsstadt (Bad) Wimpfen. Der Metropolitansitz wurde von Mechelen nach Freiburg im Breisgau verlegt. Damit hatte Mainz endgültig seine zentrale kirchliche Stellung verloren.

Mit der Niederlassung des aus Beckum (Westfalen) stammenden Orgelbauers Bernhard Dreymann (1788–1857) im Jahr 1821 setzte eine neue Hochblüte der Orgelbaukunst in Mainz ein. Er arbeitete zunächst in der seit 1819 verwaisten Ripple-Werkstatt in der damaligen Schaafsgasse 19. Anderthalb Jahre später übertrug ihm Ripples Witwe den Betrieb mit den bisherigen Kunden. Dreymann konnte daraufhin das Bürgerrecht erwerben und Katharina Josepha Wiss, die Tochter eines ortsansässigen Seilermeisters, heiraten. 1833 bezog er das Haus Nr. D 180 im Thiergarten (heute Schillerplatz/Ecke Emmeranstraße).[11]

In den Jahren 1826, 1827 und 1831 führte Dreymann Reparaturen an der Nordchorettenorgel aus.[12] Am 6. Januar 1833 reichte er einen Kostenvoranschlag zur Versetzung der Dahm-Orgel auf eine neu zu bauende Emporenbühne ein.[13] Diese Pläne kamen aber nicht zur Ausführung. 1841 reparierte Dreymann die Nordchorettenorgel erneut.

Seit 1856 mussten wieder Restaurierungsarbeiten am Dom durchgeführt werden. Nachdem der östliche Teil wiederhergestellt worden war, wurde der Gottesdienst in den Ostchor verlegt. Am 2. Februar 1861 bescheinigte

Die Dahm-Orgel auf der Nordchorette

Die Dreymann-Orgel in Frei-Weinheim

Domkapellmeiser Adam Werner die Lieferung einer Notorgel durch Hermann Dreymann (1824–1862), der seit 1855 als Inhaber die Werkstatt seines Vaters weiterführte.[14] Diese Orgel wurde während der Renovierungsarbeiten eingesetzt. Sie kostete 675 fl und besaß ein Manual mit neun Registern. 1862 unterbreitete Dreymann ein Angebot für eine Reinigung, da die Orgel durch die Renovierungsarbeiten im Dom mittlerweile stark verschmutzt war.

Am 3. Oktober 1862 schloss das Domkapitel einen Vertrag mit Johann Georg Finkenauer (1807–1865), der als ehemaliger Geselle nach dem Tod von Hermann Dreymann zusammen mit Philipp Embach (1837–nach 1905) die Dreymann-Werkstatt übernommen hatte. Den Preis von 160 fl für die Werkstatt sollte Dreymanns Witwe ausbezahlt bekommen.

Diese verkaufte 1863 die in einem Gehäuse unbekannter Herkunft aus dem 18. Jahrhundert (aus dem

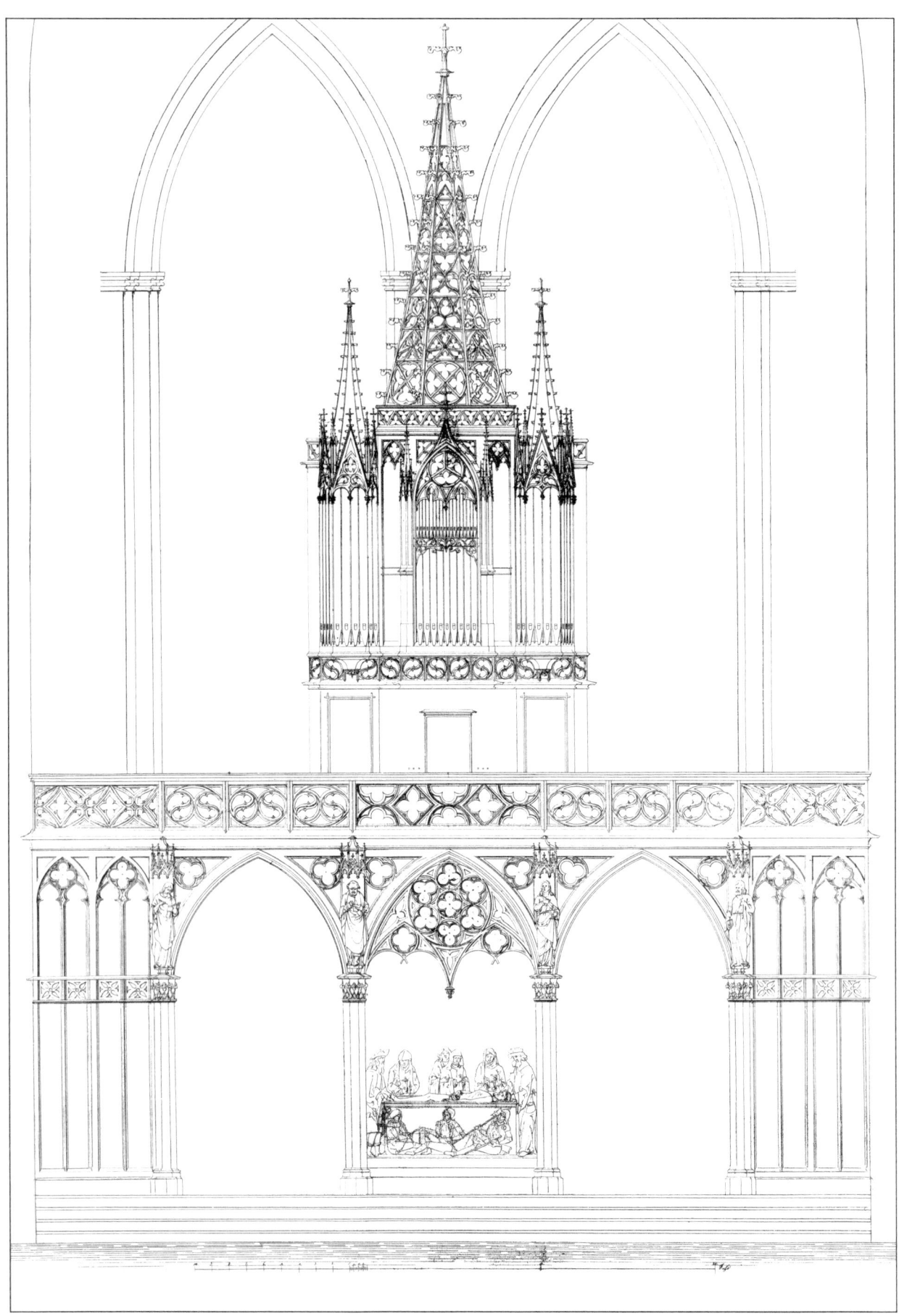

Planzeichnungen, um 1833

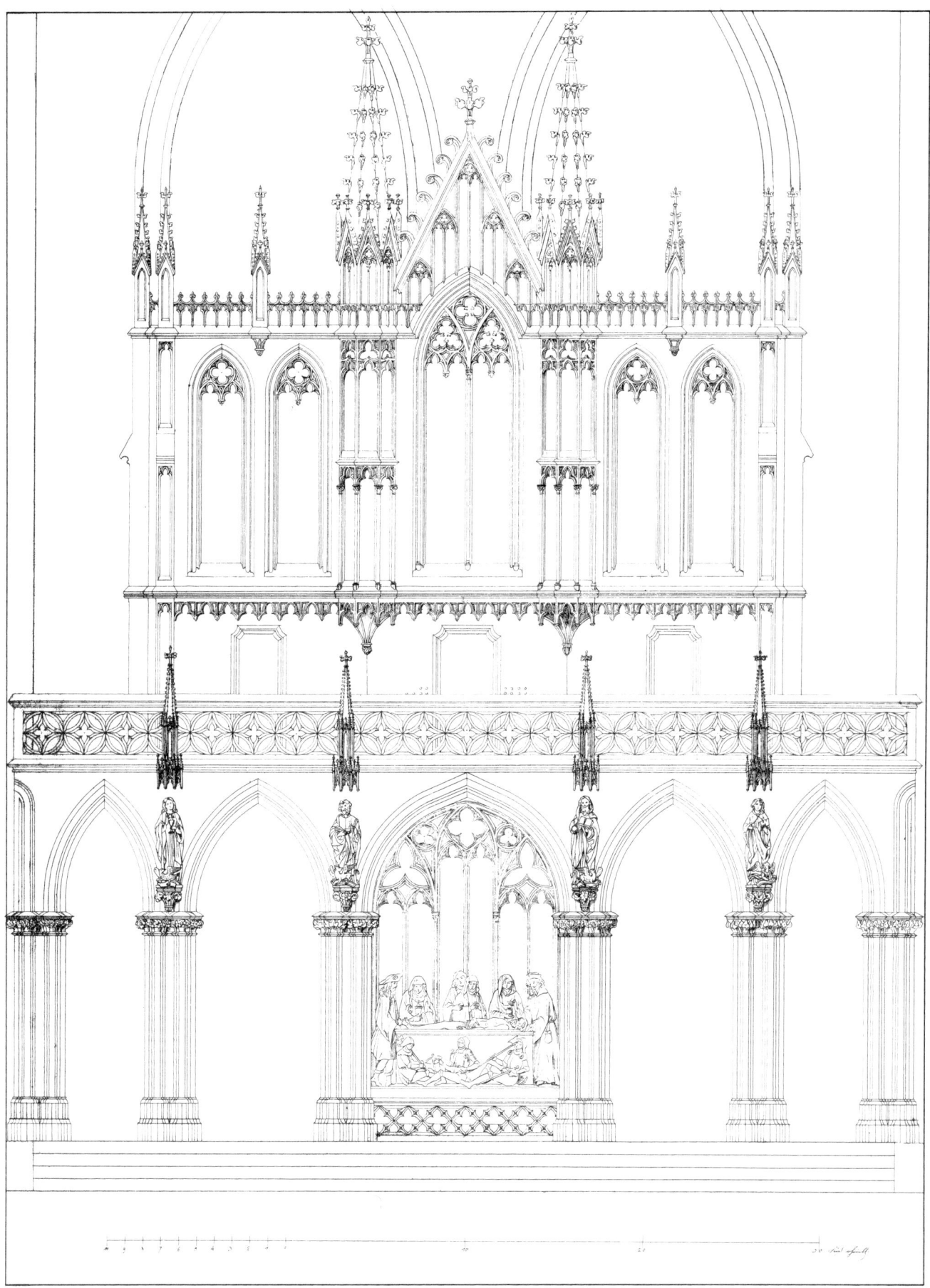

rheinischen Raum?) untergebrachte Orgel für 650 fl an die katholische Kirchengemeinde in Frei-Weinheim (Ingelheim-Nord). Dort wurde das Instrument am 18. Januar 1863 eingeweiht. Gemäß einer Bestandsaufnahme von Michael Körfer (1868–1950) am 15. Juli 1917 stand das Register Prinzipal 4′ im Prospekt. 1926 baute Körfer eine neue Orgel in das vorhandene Gehäuse und übernahm das Register Spitzflöte 8′, das sehr wahrscheinlich aus der Dreymann-Werkstatt stammt. Diese Orgel ist in Frei-Weinheim erhalten.

Am 27. November 1866 schlossen Finkenauer und Embach einen Vertrag über den Bau einer Orgel für den Westchor (Südseite des Chorgestühls) des Mainzer Doms, die für die Begleitung des Choralgesangs konzipiert war.[15] Die Disposition mit einem Manual, Pedal und zehn Registern hatte Domkapellmeister Georg Victor Weber (1838–1911) entworfen. Am 18. April 1867 nahmen die Organisten Scheurer und Bausemer die Prüfung der vollendeten Orgel vor. 1899 wurde die Orgel durch die Werkstatt Schlimbach (Würzburg) nach Plänen von Domkapellmeister Weber umgebaut. Für die Nordchoretten-Orgel lieferte Körfer 1920 fünf neue Zungenregister.[16]

Zwischen 1909 und 1917 und insbesondere zwischen 1924 und 1928 kam es zu umfangreichen Sanierungsmaßnahmen.[17] Der Dom erhielt neue tragfähige Betonfundamente, da die alten Pfahlroste durch das Absinken des Grundwassers vermodert waren. Nach der vollendeten Sanierung des Ostteiles des Doms im Jahr 1925 wurden die Gottesdienste in den Ostchor verlegt und die Arbeiten im Westchor aufgenommen. In diesem Zusammenhang wurden Überlegungen zur Zukunft der Schlimbach-Orgel im südlichen Chorgestühl und der Dahm-Orgel auf der Nordchorette angestellt.

Domkapellmeister Albert Vogt (1871–1945), der dieses Amt seit 1904 innehatte und damit wie sein Vorgänger Weber gleichzeitig Orgel- und Glockensachverständiger der Diözese Mainz war, plädierte für die Beibehaltung der Standorte beider Orgeln. Die Schlimbach-Orgel sollte umgebaut und mit einem Jalousieschweller versehen werden. Von der Dahm-Orgel sollte nur das Gehäuse erhalten bleiben. Im Inneren sollte eine neue Orgel mit vier starken Hochdruckstimmen gebaut werden, die in der Lage sein sollten, den Dom zu beschallen. Beide Orgeln sollten einen gemeinsamen Spieltisch erhalten, der in der Mitte des Westchors hinter dem Hochaltar stehen sollte. Entschiedener Gegner dieser Vorschläge war Caritas-Direktor Aloys Strempel, der die Baumaßnahmen leitete und – zunächst ohne das Wissen von Domkapellmeister Vogt – sich um die Finanzierung einer neuen Domorgel bemühte. Folgende Lösungen wurden diskutiert:

1. Bau einer Doppelanlage auf beiden Choretten, elektrischer Spieltisch im Chorgestühl.
2. Neue Hauptorgel im nördlichen Westquerhaus über dem Eingang der Gotthard-Kapelle.
3. Orgel im Ostchor hinter dem Baldachinaltar (was aber als „protestantisch" angesehen wurde).

Keiner dieser Pläne kam zur Ausführung. Während der Sanierungsarbeiten im Westchor wurden beide Orgeln so stark beschädigt, dass sie abgebrochen werden mussten; Teile der Nordchorettenorgel blieben erhalten und wurden eingelagert.

Das Hessische Landesamt für Denkmalpflege in Darmstadt forderte, eine neue Orgel hinter des Westchorgestühl zu platzieren, damit sie im romanischen Kirchenraum nicht sichtbar sei. Liturgische, akustische und historische Argumente wurden nicht berücksichtigt.

Im Dezember 1927 teile Caritasdirektor Strempel Bischof Ludwig Maria Hugo (1871–1935) mit, er habe den Kölner Domorganisten Professor Hans Bachem (1897–1972) gebeten, eine Disposition für eine neue Orgel mit 60 Registern auszuarbeiten. Danach sollten die Firmen Klais (Bonn), Stahlhut (Aachen), Späth (Ennetach-Mengen) und Walcker (Ludwigsburg) aufgefordert werden, Angebote abzugeben. Es stand von Anbeginn an fest, dass das Angebot von Walcker lediglich zur Preiskontrolle angefordert werden sollte, da er als evangelischer Orgelbauer für den Mainzer Dom nicht in Frage kam. Die Finanzierung der Orgel hatte Strempel zu diesem Zeitpunkt bereits gesichert.

Im Frühjahr 1928 lag der Entwurf von Hans Bachem vor, ein Gutachten zur Raumakustik des Doms von Ernst Petzold (Zwickau) vom 28. März 1928 sollten die akustischen Zweifel an der Standortfrage zerstreuen.

Erst zu diesem Zeitpunkt hatte Domkapellmeister Vogt von den fortgeschrittenen Plänen zur neuen Domorgel erfahren. In einem mehrseitigen Brief an den Bischof beschwerte er sich über das Gebaren von Caritas-Direktor Strempel und setzte sich vehement für den Orgelbauer Michael Körfer ein, der als einziger katholischer Meister im Bistum Mainz nicht übergangen werden könne, zumal er sich schon auf das Domorgelprojekt vorbereitet habe.

Im April und Mai hatte die Orgelbaukommission eine Disposition mit 69 Registern, verteilt auf drei Manuale und Pedal, zusammengestellt und zusätzlich Körfer und die Werkstatt Siemann (München) gebeten, auf dieser Grundlage Angebote abzugeben. Am 25. Juni 1928 wertete Strempel die Angebote aus. Walcker und Körfer schieden als teuerste Anbieter von vornherein aus sowie die Fa. Siemann, da sie, wie Körfer, über keine Erfahrung mit elektrischen Trakturen verfügte. Die Werkstätten Späth, Stahlhut und Klais kamen in die engere Wahl. Den Zuschlag erhielt schließlich Klais, da sie die größte katholische Orgelbauanstalt in Deutschland war, mehr Leistungen als die anderen Orgelbauer angeboten hatte und räumlich am nächsten zu Mainz lag.

Bis zum Domweihfest im Herbst sollte ein Teilbau mit 30 Registern fertiggestellt werden. Schließlich bot Klais eine viermanualige Orgel mit 73 Registern und zahlreichen Spielhilfen zum gleichen Preis an. Das Domkapitel nahm dieses Angebot an und forderte Klais auf, die Orgel bis Ostern 1929 zu vollenden.

Der Teilbau war im Herbst fertiggestellt. Das Abnahmegutachten über die vollständige Orgel vom 13. August 1929, in dem die Arbeiten von Klais in jeder Hinsicht gelobt wurden, unterzeichneten Domkapellmeister Peter Drescher (Speyer), Professor Hans Bachem (Köln) und Pater Anselm Ross (Maria Laach). Anzumerken ist, dass Klais zuvor weitreichende Einwände gegen die Aufstellung der Orgel hinter dem Chorgestühl vorgebracht hatte. Diese Orgel überstand den Zweiten Weltkrieg unbeschadet.

1 Günter Schneider, *Die Orgeln im Mainzer Dom*, unveröffentlichtes Manuskript (o.O., o.J.). Ich danke dem Autor für die Bereitstellung dieses Textes und weiterer Unterlagen. Des Weiteren wurden im Mainzer Dom- und Diözesanarchiv folgende Bestände genutzt: Domkapitel Nr. B 2.12: Zum Bau der neuen Orgel 1927. Dotation I/105: Orgel der Domkirche, 1802–99. Dotation I/105a: Angebote Orgelbaufirmen 1905, 1928.
2 Adam Gottron, „Die Orgeln des Mainzer Doms", in: *Mainzer Zeitschrift* 32, 1937, S. 53–58.
3 Franz Bösken, *Quellen und Forschungen zur Orgelgeschichte des Mittelrheins*, Mainz 1967, S. 67–111.
4 Gottron 1937, S. 57.
5 https://bistummainz.de/dom-mainz/bauwerk/geschichte/ (Abruf: 30.11.2021).
6 Adam Gottron, „Beiträge zur Mainzer Musikgeschichte", Folge 7, in: *Mainzer Zeitschrift* 41/43 (1946/48), Mainz 1950, S. 118.
7 Karl Hermann Koch, „Orgellandschaft Oberrhein – Internationale Orgeltagung der Gesellschaft der Orgelfreunde 30. Juli bis 5. August 1989 in Freiburg im Breisgau", in: *Ars Organi* 37 (1989), S. 213.
8 Birger Petersen, „Kohlhaas (Familie)", in: *Musik und Musiker am Mittelrhein* 2 / Online, http://www.mmm2.mugemir.de/doku.php?id=kohlhaas (Abruf: 01.12.2021).
9 Birger Petersen, „Ripple (Familie)", in: *Musik und Musiker am Mittelrhein* 2 / Online, http://www.mmm2.mugemir.de/doku.php?id=ripple (Abruf: 01.12.2021).

10 Petersen, *Kohlhaas (Familie)* (wie Anm. 9).
11 Achim Seip, *Die Orgelbauwerkstatt Dreymann in Mainz*, Lauffen 1993, S. 5–6.
12 Seip, *Dreymann* (wie Anm. 11), S. 115.
13 Die wahrscheinlich vor 1833 entstandenen Planzeichnungen für dieses Bauprojekt können dem Darmstädter Galeriedirektor Franz Hubert Müller zugeschrieben werden. Bemerkenswert sein in die Zukunft weisender Entwurf eines neugotischen Orgelgehäuses (Sigrid Duchardt-Bösken, „Ein neugotisches Lettnerprojekt für den Mainzer Dom", in: *Mainzer Zeitschrift* 81, 1986, S. 101–106). Siehe auch Hans-Jürgen Kotzur und Karin Kreuzpainter, „‚Hütet euch vor der Purifikationswut!' – Die Veränderungen des 19. Jahrhunderts", in: *Der verschwundene Dom. Wahrnehmung und Wandel der Mainzer Kathedrale im Lauf der Jahrhunderte*, Katalog zur Ausstellung *Der verschwundene Dom* des Bischöflichen Dom- und Diözesanmuseums Mainz vom 15. April bis 16. Oktober 2011, hg. von Hans-Jürgen Kotzur, Mainz 2011, S. 345–347.
14 Seip, *Dreymann* (wie Anm. 11), S. 137.
15 Ebd., S. 145.
16 Schneider, *Die Orgeln im Mainzer Dom* (wie Anm. 1, S. 7).
17 Günter Schneider, „Das Domorgelprojekt von 1927/29", in: *Die Orgel als sakrales Kunstwerk*, Band 1, Beiträge zur Orgelgeschichte im ehemals kurrheinischen Reichskreis und seinen Nachfolgestaaten, hg. von Friedrich W. Riedel, Neues Jahrbuch für das Bistum Mainz, Sonderband 1991/92, Mainz 1992, S. 318–321.

ORGELBAU AM MAINZER DOM NACH 1928

BIRGER PETERSEN

Zwischen den beiden Weltkriegen des 20. Jahrhunderts ist für den Orgelbau am Mainzer Dom ein nicht unerheblicher Einschnitt festzuhalten: Mit dem Beginn weitreichender Restaurierungsmaßnahmen am Baukörper des Doms, die vor allem den schlechten baulichen Zustand der Fundamente in den Blick nahmen, bereits zwischen 1909 und 1917 aufgenommen und ab 1924 intensiviert wurden,[1] wurde auch die unbefriedigende Orgelsituation zur Disposition gestellt. Die Orgelbaufirma Klais aus Bonn realisierte letztlich mit der 1928/29 errichteten neuen Mainzer Domorgel einen sowohl von der Orgelbewegung geprägten, aber dieser keineswegs ausschließlich folgenden Orgelbau auf idealtypische Weise. Seine Überzeugung, die er in Mainz baulich umsetzen konnte, hatte Hans Klais 1928 auf einer Tagung der Erzdiözese Köln formuliert:

> „Unsere Parole muß nicht lauten: Barock-, Bach- oder romantische Orgel, d.h. Festlegung auf einen historischen Baustil, sondern Fortentwicklung des Besten, was uns eine alte, glanzvolle Tradition der Orgel überlieferte zu einem immer mehr vollendeten Kunstwerk."[2]

Dieser „Parole" folgt der Neubau von 1928, im weitesten Sinn aber sogar der Umbau durch die Orgelbauwerkstatt Kemper in den 1960er Jahren.

Klais 1928/1929 – ein Neubau aus Bonn

Erst im Jahr 1925 hatte Hans Klais (1890–1965) die Firmenleitung übernommen – der Sohn des Firmengründers Johannes Klais (1852–1925), der sein Unternehmen schnell nach der Gründung 1882 expandieren ließ: Bereits vor dem Krieg galt es als „größte katholische Orgelbauanstalt Deutschlands" und fertigte bis 1915 etwa 600 Orgeln, darunter zahlreiche Prestigeprojekte.[3] Bei einem dieser Prestigebauten, dem Neubau des Instruments in Erfurt, St. Lorenz (III/P/27, 1935) war Hans Klais bereits als Schüler mit der elektrischen Steuerung betraut. Nach seiner Lehre bei Joseph Rinkenbach im Elsass und Johannes Steinmeyer in Oettingen entwickelte er in den 1920er Jahren ein ergonomisches Spieltischmodell.[4] Schon seit 1926 weisen die von Klais verantworteten Dispositionen den Einfluss der sich durchsetzenden Orgelbewegung auf. Für die fragliche Zeit ist die Gleichzeitigkeit extrem divergierender Auffassungen festzuhalten:

> „ein extremer Historismus, mit dem eine Ugrino-Gemeinde im Norden und die Praetorius-Adepten im Südwesten das Heil in ausschließlicher Orientierung an Vorbildern des 17. Jahrhunderts postulierten, kontrastiert durch das Programm einer Fortschreibung technologischer Errungenschaften im Instrumentenbau, doch auch durch Klangdifferenzierung und kompositorische Mittel, die eine Reger-Nachfolge vorgab".[5]

So orientierten sich auch die Prospekte der von Klais in den späten 1920er Jahren entworfenen Instrumente – vor allem unter Verwendung großzügiger Freipfeifenprospekte – an der „natürlichen" Aufstellung der Pfeifenreihen; parallel gehörten die überkommenen elektropneumatischen Kegelladen noch bis in die 1950er Jahre hinein nicht nur bei Klais zum Standard.

Der Prüfbericht, der die Angebote vergleichen und abwägen sollte, wurde nicht von Vogt aufgrund seiner Expertise, sondern letztlich von dem Leiter der Restaurierungsmaßnahmen am Dom, Aloys Strempel erstellt. In seinem Bericht vom 25. Juni 1928 wurden Walcker (auch wegen seiner Konfession) und Körfer abgelehnt, weil sie zu teuer waren; Körfer hatte zudem wie Siemann bislang keine Erfahrungen mit elektrischer Traktur: ein weiteres Ausschlusskriterium. Das Domkapitel entschied sich letztlich – und ohne Berücksichtigung der Eingaben Vogts –[6] zugunsten der Firma Klais aufgrund ihrer bisherigen Referenzen, auch und vor allem in Hinblick auf die Arbeit mit elektrischen Systemen, und aufgrund des veranschlagten Preises, wobei Klais – vermutlich angesichts des erwartbar großen Prestiges dieses Orgelprojekts – eine Reihe von Zugeständnissen machte und darüber hinaus eine kostenneutrale Erweiterung der Disposition von

Das Pfeifenmaterial von 1928

III/69 auf IV/73 anbieten konnte. Klais stellte einen ersten Teilbau mit 30 Registern bis zur Weihe des restaurierten Doms mit einem Pontifikalamt des Apostolischen Nuntius Eugenio Pacelli – des späteren Papsts Pius XII. – im Oktober 1928 fertig; die gesamte Orgel wurde fristgerecht bis Ostern 1929 fertiggestellt.[7]

Eine Reihe von Aspekten der neuen Kathedralorgel erweist das Werk als von der Orgelbewegung beeinflusst – so der Einsatz der Cymbel 4–6fach im Hauptwerk, die kurzbechrigen Zungenstimmen des II. Manuals, Rankett 16′ und Geigend-Regal 4′ und die historisierenden Register Quintadena 16′ und 8′, Praestant 4′ und Blockflöte 2′. Demgegenüber – und grundsätzlich anders als das II. Manual – ist das im Schwellkasten stehende III. Werk deutlich nach den Prinzipien des Orgelbaus der vorangehenden Generationen disponiert, unter anderem mit einer Oboe 8′, allerdings auch mit Dulcian 16′ und Kopfregal 4′. Darüber hinaus ist die Äquallage vor allem im Hauptwerk in 8′- und 4′-Lage reich ausdifferenziert, während das IV. Manual an ein barockes Rückpositiv auf Prinzipal 4′-Basis – unter anderem mit einem Krummhorn 8′ – erinnert, auch wenn es eher die Funktion eines Echo-Manuals hat. Die für den romantischen Orgelbau charakteristischen Pedalregister Violon 16′ und Cello 8′ werden von Klais nicht mehr disponiert, wohl aber ein Choralbaß 4′; außerdem Dulcian 16′, Schalmey 4′ und Singend Cornett 2′ nach historischen Vorbildern.[8]

Bemerkenswert ist, dass die Disposition der Orgel von Klais sich insbesondere in ihren auf die Orgelbewegung verweisenden Elementen herleiten lässt von den Vorschlägen, die Hans Bachem den angefragten Orgelbauwerkstätten vorgelegt hatte, so die Zungenstimmen des II. Manuals, aber auch die Blockflöte 2′ oder die Pe-

dalzungen: Klais hatte in erster Linie und aus eigenem Antrieb die spätromantischen Anlagen der Orgel – auch angesichts der kostenneutralen Erweiterung auf 73 Register – zu verantworten und folgte in der neuartigen, an den Prämissen der Orgelbewegung orientierten Disposition den Maßgaben, die der Kölner Domorganist gemeinsam mit der Kommission um Strempel vorgegeben hatte.[9] Der Spieltisch wurde nicht in die Mitte des Westchors, sondern wie bei der Vorgängerorgel in das südliche Chorgestühl gesetzt; ein zweiter, pneumatischer Spieltisch wurde hinter dem Chorgestühl in die Orgel eingebaut, um einem Stromausfall entgegenwirken zu können.[10]

Die Abschlussgutachten zur neuen Orgel von Klais erstellten Domkapellmeister Drescher aus Speyer, Domorganist Hans Bachem aus Köln und Abteiorganist P. Anselm Ross aus Maria Laach. Domkapellmeister Vogt war nicht als Gutachter beteiligt – ein weiteres Indiz dafür, dass es Strempel gelungen war, den Domkapellmeister vollständig aus der Mitarbeit am Orgelprojekt zu drängen.[11] Die Gutachter lobten das Werk einstimmig als „Meisterwerk":

> „Die neuen Erkenntnisse in bezug auf Disposition, Mensuren, Winddruck, Legierung, Intonation, Pfeifenaufschnitte sind geradezu beispielgebend in die Tat umgesetzt. Durch die weite Mensur bestimmter Register sowie durch die zahlreiche Disponierung von 4′ und 2′ und Aliquotstimmen hat der Ton eine sehr große Klarheit und Plastik gewonnen. […] Die Zungenchöre sind von seltener Schönheit. Die historischen Zungen […] sind des Interesses und der Beachtung wert."[12]

Und noch zum 25. Jahrestag sang Domorganist Heino Schneider ein Loblied auf das Instrument von Klais:

> „Die Klangschönheit der Einzelregister, der Teilwerke und des Gesamtwerkes legt Zeugnis ab von der hervorragenden Leistung der Firma Klais, die ein Werk geschaffen, das würdig ist eines einzigartigen Kulturdenkmals abendländischer Kirchen- und Profangeschichte, wie es der Mainzer Dom darstellt."[13]

In seinem Beitrag hebt der Domorganist aber auch seine Auffassung einer „Übergangsorgel" hervor, die die „Umwandlung in der Orgelbaukunst und im Orgelspiel" dokumentiert – hin zu einem neuen, von der Barockorgel abgeleiteten Typus, der sich vom Klangideal des 19. Jahrhunderts lossagt – und beklagt, dass die Vorschläge von Domkapellmeister Vogt und dem Domstiftsorganisten

Posthornkröpfung

Der Spieltisch im Chorgestühl (1928–1965)

Schömbs, ein einziges großes Instrument im Westchor und eine Hauptorgel auf der nördlichen Empore für den Pfarrgottesdienst zu bauen, abgelehnt worden war.

Kemper 1962–1965 – Ein Umbau aus Lübeck

Bereits im Juni 1944 hatte die Orgelbaufirma Klais erhebliche Reparaturen an ihrer Orgel vornehmen müssen – unter Verweis auf die in Kriegszeiten verstärkte Beanspruchung; auch der Kölner Domorganist mahnte am 17. August 1944 eine Instandsetzung an.[14] Die Orgel überstand die Zeit des Zweiten Weltkriegs ohne nennenswerte Schäden. Allerdings erwies sich die Positionierung der 1928/29 erbauten Orgel hinter dem Chorgestühl als „denkbar ungünstig[e] Platzierung" angesichts der „äußerst schwierigen akustischen Verhältnisse im Dom".[15] Domstiftsorganist Heino Schneider hatte bereits 1953 auf die Tatsache hingewiesen, dass die Entfernung zwischen Orgel und Gläubigen zu groß sei: „Abgesehen davon, daß der Organist keine Sicht auf den Altar vom Spieltisch aus hat, hört er bei seinem Spielen nichts oder fast nichts vom Gesang der Kirchenmusiker."[16] Eine Wiederherstellung des Mainzer Doms sollte eine Aufteilung und Erweiterung der bestehenden Orgelanlage beinhalten; von den Maßnahmen versprach sich das Domkapitel „einen raumfüllenden Klang, der den besonderen architektonischen Vorgaben der monumentalen Kathedrale mit zwei Chorräumen im Westen und Osten und den daraus resultierenden liturgischen Anforderungen […] gerecht werden sollten".[17]

Heino Schneider schlug frühzeitig den Bau von zwei Orgeln – je einer pro Empore – anstelle eines großen Instruments vor, damit „der gewaltige Klang aus dem Westchor gleichmäßiger aufgefangen und verdeutlicht, geklärt, verstärkt weitergeleitet in den ganzen Dom"[18] werden kann. Sein Dispositionsvorschlag weist bereits keinerlei Reminiszenzen an die Orgel des 19. Jahrhunderts mit besonders breiter Äquallage vor allem im 8'-Bereich mehr auf, sondern zeigt sich deutlich von der Orgelbewegung beeinflusst.

Im Januar 1960 entschied das Domkapitel, für die Baumaßnahmen die Orgelbaufirmen Klais, Späth, Walcker – damit also drei der bereits in den 1920er Jahren mit Planungen beauftragten Werkstätten – und die Lübecker Werkstatt Kemper anzufragen; Domdekan Kallfelz gibt nur die Namen Klais, Späth und Kemper weiter, als er am 1. Februar an DKM Köllner eine Kontaktaufnahme delegierte.[19]

Die Kemper-Orgel im Ostchor

Das Teilwerk Kempers auf der Nordchorette

Exkurs: Ein Lübecker in Rheinhessen

Bereits 1868 gründete Emanuel Kemper (1844–1933) seine Orgelbauwerkstatt in Lübeck, die sein Sohn Karl Kemper (1880–1956) im Jahr 1910 übernommen und zu einem führenden Unternehmen der Orgelbewegung gemacht hat, unter anderem beraten von Hans Henny Jahnn. Kemper gründete eine erste Filiale 1929 in Bartenstein in Ostpreußen und baute 1943 in Königsberg die größte Orgel Ostpreußens (Altstädtische Kirche, V/P/71; 1944/45 zerstört). Sein Sohn Emanuel Kemper (1906–1978) beschränkte die Arbeit der Firma wieder auf den norddeutschen Raum und baute in St. Marien, Lübeck (V/P/100, 1968) das seinerzeit größte Instrument der Welt mit mechanischer Traktur, war aber in Mainz kein Unbekannter: Karl Borchert aus Ingelheim hat in den 1950er Jahren als Vertreter der Firma die Pflege und Stimmung der Domorgel vorgenommen, nachdem diese Firma bereits mit dem Ausbau und Lagerung der Orgelpfeifen während des Kriegs beschäftigt war. Zur Filiale in Ingelheim gehörte auch Detlef Kleuker (1922–1988), der als Selbständiger später über 350 Instrumente baute, darunter in der Johanneskirche Saarbrücken (III/P/46, 1969) und der Gedächtniskirche in Speyer (V/P/95, 1979). Kemper baute auch unter anderem in Montabaur (St. Peter in Ketten: III/P/39, 1954; 2013 ersetzt), Mainz-Mombach (St. Nikolaus: II/P/18, 1955), Wiesbaden (Markuskirche: II/P/18, und Biebrich: II/P/23, beide 1957), Ingelheim (Burgkirche: II/P/30, 1963) und in Koblenz in der Rhein-Mosel-Halle (IV/P/71, 1963) eine der größten Profanorgeln in Deutschland.

Der Sohn Emanuel Reinhold Kemper (1947–2007) übernahm das Unternehmen 1974; es wurde 1978 insolvent. Eine Neugründung führte Reparaturen und Umbauten aus.

Die Lübecker Orgelbauwerkstatt Kemper wurde im Mai 1960 mit dem Umbau beauftragt. Nicht zuletzt das euphorische Votum des Domorganisten dürfte dazu geführt haben:

„Der Gesamtorgelklang der drei Teilwerke nach der Kemperschen Planung wird sicherlich einen sehr festlichen, besonders durch die große Zahl spanischer Trompeten, glanzvollen Eindruck vermitteln, dabei [...] durch angenehme Klarheit und sakrale Würde sich auszeichnen."[20]

Die Schwalbennestorgel an der Nordwand des Querhauses, Kemper 1965 unter Verwendung des Pfeifenmaterials von Klais (1928)

Die Pläne Klais' – der die Verteilung einer vollständig neuen Hauptorgel auf beide Choretten oder alternativ an die Westpfeiler vorschlägt sowie ein kleines, eigenständiges Werk für den Westchor – werden von Schneider als „zögernd" beschrieben; er bescheinigt ihm „eine gewisse Abneigung, ja Ängstlichkeit [...], getrennte größere Werke in Domen zu bauen". Die Pläne Späths sahen (neben den Erhalt der bestehenden Orgel) im östlichen Teil des Doms eine größere Orgel vor allem für das Mittelschiff vor, wurden aber von Schneider abgelehnt, „weil sie nicht imstande sind, das Orgelproblem zufriedenstellend zu lösen."[21]

Mit den Arbeiten Kempers konnte ein Großteil des vorhandenen historischen Materials als qualitätsvolle Substanz der Domorgel von 1928 erhalten werden – allerdings wurde die auf dem Westchor stehende Orgel in zwei eigenständige Werke im Westchor und im Querhaus aufgeteilt. Im Ostchor entstand 1965 ein Neubau. Die geteilte Klais-Orgel im Westchor sowie an der Nordwand des Querhauses wies weiterhin Kegelladen auf, während das Werk auf der Südempore des Querhauses und die Ostchor-Orgel die für Kemper so charakteristischen Taschenladen erhielt. Die Steuerung erfolgte über eine elektrische Traktur von einem Spieltisch auf der südlichen Vierungschorette.[22] Die erkennbare, weiterhin verbundene Klais-Orgel wies noch 34 Register auf zwei Manualen und Pedal auf; zusammen mit den in Kempers Neu- und Umbauten erhaltenen Stimmen blieben von den ehemals 73 noch 58 Register und alle Kegelladen erhalten.[23] Kemper baute darüber hinaus auf Bitten des Domkapellmeisters eine kleine Schwalbennestorgel über dem Portal der Gotthardkapelle – zur Unterstützung des Domchors.[24]

Die neue Ostchororgel wurde bereits zum Festgottesdienst zur Zweitausend-Jahr-Feier im Dom im Juni 1962 eingeweiht; ein von Bischof Volk veranlasster Baustopp der Orgel reichte danach bis zum April 1963 – und mit Wiederaufnahme der Arbeiten verlangte das Domkapitel die Aufstellung der Orgel auf der Südchorette „auf dem südöstlichen Pfeiler, so daß sie nicht ins Blickfeld des Domes kommt".[25] Die erneuten Planungen dauerten an und wurden insbesondere im Jahr 1964 von Kemper verschleppt – „ohne Geld verliert Kemper das Interesse", wie Schneider an Köllner schreibt.[26] Die Arbeiten an der Orgel wurden im Januar 1966 fertiggestellt. Das amtliche Gutachten über-

Die Taschenladen Kempers

nahm in diesem Fall auf Weisung des Domkapitels kein Kollege aus Köln (wie offenbar vorgeschlagen) oder eine Gutachtergruppe, sondern Domkapellmeister Köllner als Orgelsachverständiger.

Auffällig für die Ostchororgel Kempers waren die vielen Horizontalregister, so Spanische Fanfare 16' und Spanische Trompete 8' im ersten, Spanische Trombone 8' und Spanische Fanfare 4' im zweiten Manual sowie Fanfare 16', und Trompete 8' und 4' horizontal im Pedalwerk. Mit einer Vielzahl von Aliquotregistern bis hin zur Zwergzymbel 5f.

und einem obertonreichen Klangaufbau verweist dieses Instrument noch deutlicher als das Vorgängerinstrument von Klais auf seine Herkunft von der Orgelbewegung der 1920er Jahre: Die Spaltklangästhetik Kempers traf auf die Formung Klais', der ein spätromantisches Klangbild mit den ersten Erkenntnissen der Orgelbewegung zu vermitteln suchte. Eine Reihe von Änderungen der Disposition, die Domkapellmeister Köllner und Domorganist Schneider gemeinsam noch 1962 durchsetzen konnten, entsprechen ebenfalls dieser Orientierung – oder wie Schneider es in einem Brief an Köllner ausdrückte: „Dieses Werk [...] muß uns gefallen und vor allem uns dienen helfen und nicht Herrn Kemper."[27] Entsprechend bittet Schneider auch um die Änderung von Registernamen – und um „Entromantisierung" der Klais-Register als „Flurbereinigung":

> „Das Register 8' Gambe sollte ganz wegfallen. Die Gambe ist schlecht. typisch romantische Gambe. Bei Klais stand sie immerhin im Schwellkasen, jetzt würde sie unverhüllt ihren intensiven Streicherton in Querhaus strahlen und m.E. mehr verderben als nützen. Im Westchor haben wir die Schweizerpfeife, die sehr stark ist und im ganzen Dom gehört wird."[28]

Mit insgesamt letztlich 114 Registern, 7986 Pfeifen auf sieben Standorten und einem Zentralspieltisch mit sechs Manualen gehörte die von Kemper errichtete Orgelanlage fraglos zu den kompliziertesten Instrumenten Europas: Nicht zuletzt zehn Kilometer Kabel und deren Verbindungen über 100 Meter Entfernung zwischen den Orgelwerken, mangelhafte Materialien und die von Kemper verbauten elektromechanischen Elemente sorgten für Störanfälle seit den 1970er Jahren (ganz abgesehen von den permanenten Echoeffekten im Dom und dem diffusen Klangbild) – und nicht zuletzt zur Stilllegung eines Drittels der Anlage im Jahr 2014.[29]

1 Vgl. zur Restaurierung des Doms in den 1920er Jahren Hans-Jürgen Kotzur, „Der Innenraum im Wandel. Gestaltung und Ausstattung des Mainzer Domes", in: *Der verschwundene Dom. Wahrnehmung und Wandel der Mainzer Kathedrale im Lauf der Jahrhunderte. Katalog zur Ausstellung des Bischöflichen Dom- und Diözesanmuseums Mainz vom 15. April bis 16. Oktober 2011*, hg. von Hans-Jürgen Kotzur, Mainz o.J. [2011], S. 99–153, hier: S. 143–144 „Reflexion und Analyse: Die Wende zur Sachlichkeit"; außerdem Günter Schneider, „Das Domorgelprojekt von 1927/1929", in: *Die Orgel als sakrales Kunstwerk. Bd. 1: Beiträge zur Orgelgeschichte im ehemals kurrheinischen Reichskreis und seinen Nachfolgestaaten*, hg. von Friedrich Wilhelm Riedel, Mainz 1992 (= Neues Jahrbuch für das Bistum Mainz. Sonderband 1991/92), S. 318–322.
2 Hans Klais, „Vortrag auf der Organistentagung der Erzdiözese Köln am 11. Juni 1928. Korreferat zum Vortrag von P. Dr. Gregor Schwake OSB, Gerleve", in: *Beiträge zur Geschichte und Ästhetik der Orgel. Aus Anlaß der Einhundertjahrfeier Orgelbau Johannes Klais Bonn 1882–1982*, hg. von Hans Gerd Klais, Bonn 1982, S. 49–51, hier S. 51.
3 Vgl. Hermann J. Busch, „Zwei Generationen Orgelbau Klais 1882–1965", in: *Beiträge zur Geschichte und Ästhetik der Orgel. Aus Anlaß der Einhundertjahrfeier Orgelbau Johannes Klais Bonn 1882–1982*, hg. von Hans Gerd Klais, Bonn 1982, S. 145–192, hier S. 150.
4 Vgl. Maximilian Künster, *Der katholische Orgelbau zwischen Spätromantik und Orgelbewegung. Eine Untersuchung zu den Orgelneubauten im Bistum Mainz in den Jahren 1919–1939*, Masterarbeit an der Johannes Gutenberg-Universität Mainz, Mainz 2021 (masch.schr.), S. 51–53.
5 Michael Heinemann und Birger Petersen, „Vorwort", in: *Orgelmusik und Spätromantik. Orgelmusik zwischen den Weltkriegen in Deutschland, Österreich und der Schweiz*, hg. von Michael Heinemann und Birger Petersen, Bonn 2016 (Studien zur Orgelmusik Bd. 6), S. 9–11, hier S. 9.
6 Vgl. Mainz, Domorgel-Archiv (privat), 1928–08–16. In diesem Brief bittet Vogt das Domkapitel zugleich um seine vorzeitige Pensionierung.
7 Vgl. Schneider, „Das Domorgelprojekt von 1927/1929" [wie Anm. 1], S. 318–320. Zur Disposition vgl. Johannes Klais Orgelbau Bonn: Werbeprospekt, Folge 9/1929.
8 Zur Einschätzung der Disposition des Neubaus von Klais vgl. Künster, *Der katholische Orgelbau zwischen Spätromantik und Orgelbewegung* [wie Anm. 4], S. 51–54.
9 Vgl. den Brief Hans Bachems an Diözesan-Caritasdirektor Strempel vom 14. April 1928: Mainz, Domorgel-Archiv (privat), 1928–06–05.
10 Vgl. Schneider, „Das Domorgelprojekt von 1927/1929" [wie Anm. 1], S. 321.
11 Vgl. Künster, *Der katholische Orgelbau zwischen Spätromantik und Orgelbewegung* [wie Anm. 4], S. 53.
12 Zitiert nach dem Werbeprospekt von Johannes Klais Orgelbau Bonn, Folge 9/1929.
13 Heino Schneider, „Die Mainzer Domorgel. Zum 25. Gedenktag ihrer Erbauung", in: *Allgemeine Zeitung* vom 23. Oktober 1953.
14 Vgl. den Meldebogen in Mainz, Domorgel-Archiv (privat), 1944_06_15.
15 Albert Schönberger, „Die Orgeln des Mainzer Domes", in: *Neues Jahrbuch für das Bistum Mainz* (1984), S. 11–39, hier S. 11.
16 Schneider, „Die Mainzer Domorgel" [wie Anm. 1].
17 Daniel Beckmann, „Klingende Dreifaltigkeit. Eine neue Domorgel an drei Standorten für den Mainzer Dom", in: *das münster. Zeitschrift für christliche Kunst und Kunstwissenschaft* 74 (2021), S. 258–262, hier S. 259.
18 Mainz, Domorgel-Archiv (privat), 1959–11–19; vgl. auch Schneiders Dispositionsentwurf: Mainz, Orgel-Akten (privat), 1959–11–19.
19 Vgl. Mainz, Orgel-Akten (privat), 1960–02–01.
20 Gutachten des Domorganisten Heino Schneider: Mainz, Domorgel-Archiv (privat), 1960. Schneider hatte – über Borchert – schon 1959 Kontakt zu Kemper aufgenommen, wie er in einer Notiz an DKM Köllner vermerkt; vgl. Mainz, Orgel-Akten (privat), 1959–11–19.
21 Ebd.
22 Vgl. Matthias Thömmes, *Orgeln in Rheinland-Pfalz und im Saarland*, Trier 1981, S. 138–140.
23 Vgl. Schneider, „Das Domorgelprojekt von 1927/1929" [wie Anm. 1], S. 321.
24 Brief des Domkapellmeisters Köllner an Kemper: Mainz, Domorgel-Archiv (privat), 1961–01–20; 1983 baute die Orgelbauwerkstatt Oberlinger ein Instrument in die Gotthard-Kapelle (II/P/13).
25 Notiz von Generalvikar Hänlein: Domorgel-Archiv (privat), 1963–04–23.
26 Domorgel-Archiv (privat), 1964–06–20.
27 Domorgel-Archiv (privat), 1962–02–27 (Hervorhebungen im Original).
28 Brief Heino Schneiders an DKM Köllner und Orgelbaumeister Borchert vom 4. März 1963: Domorgel-Archiv (privat), 1963–03–04.
29 Vgl. Beckmann, „Klingende Dreifaltigkeit" [wie Anm. 17], S. 259.

KONSTRUKTIONSZEICHNUNGEN

Konstruktionszeichnungen

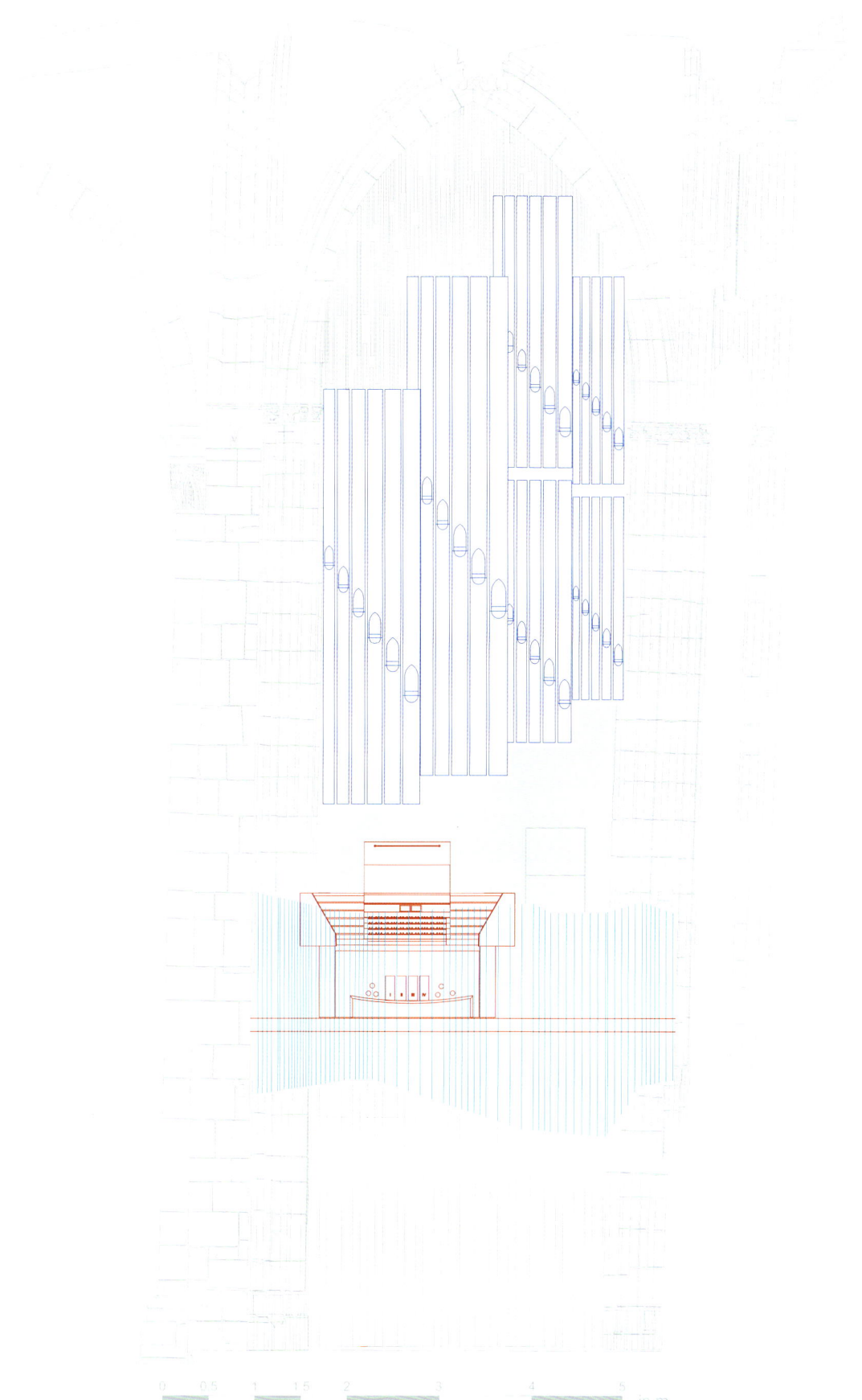

145

Anhang

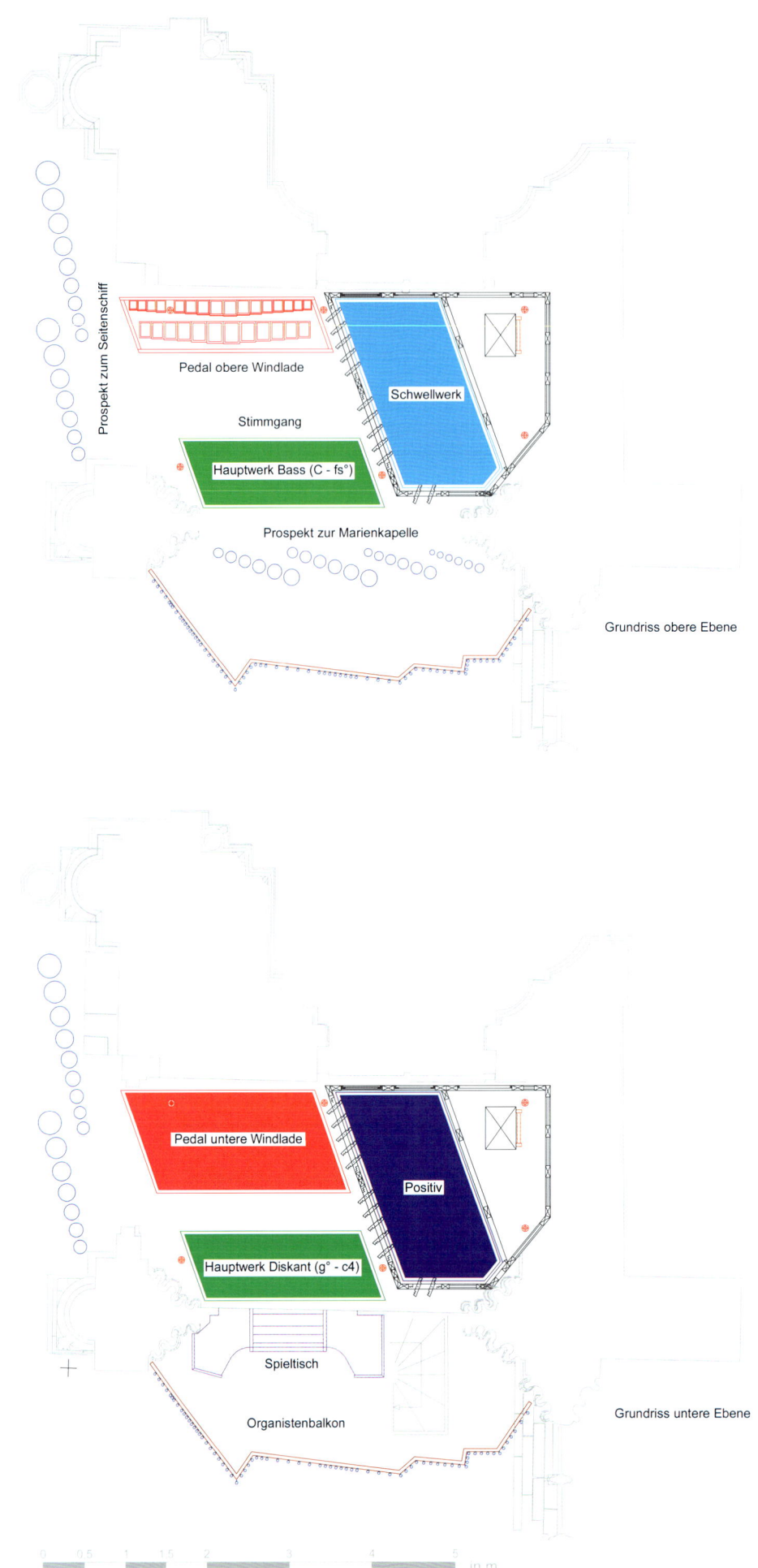

Konstruktionszeichnungen

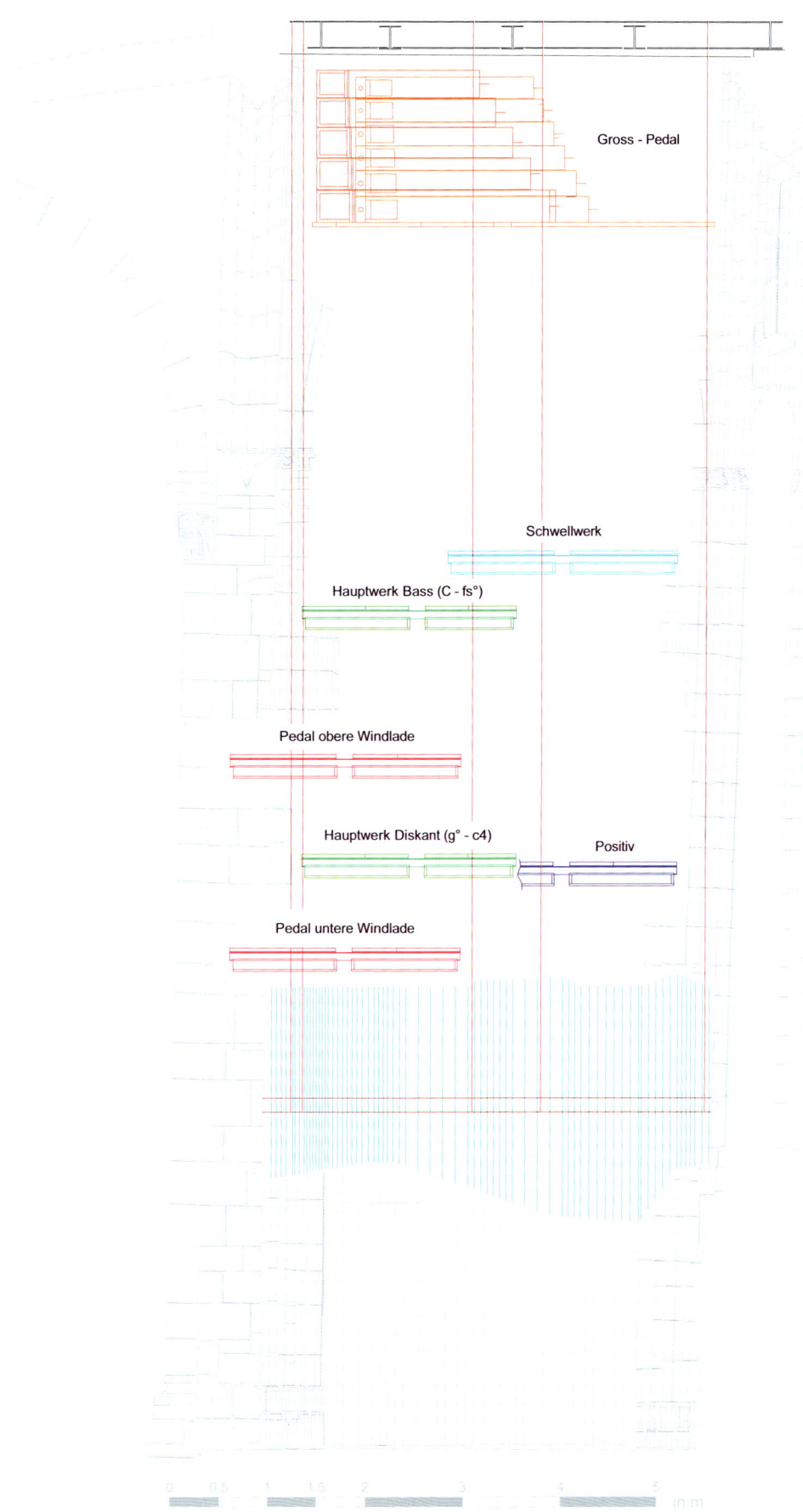

Anhang

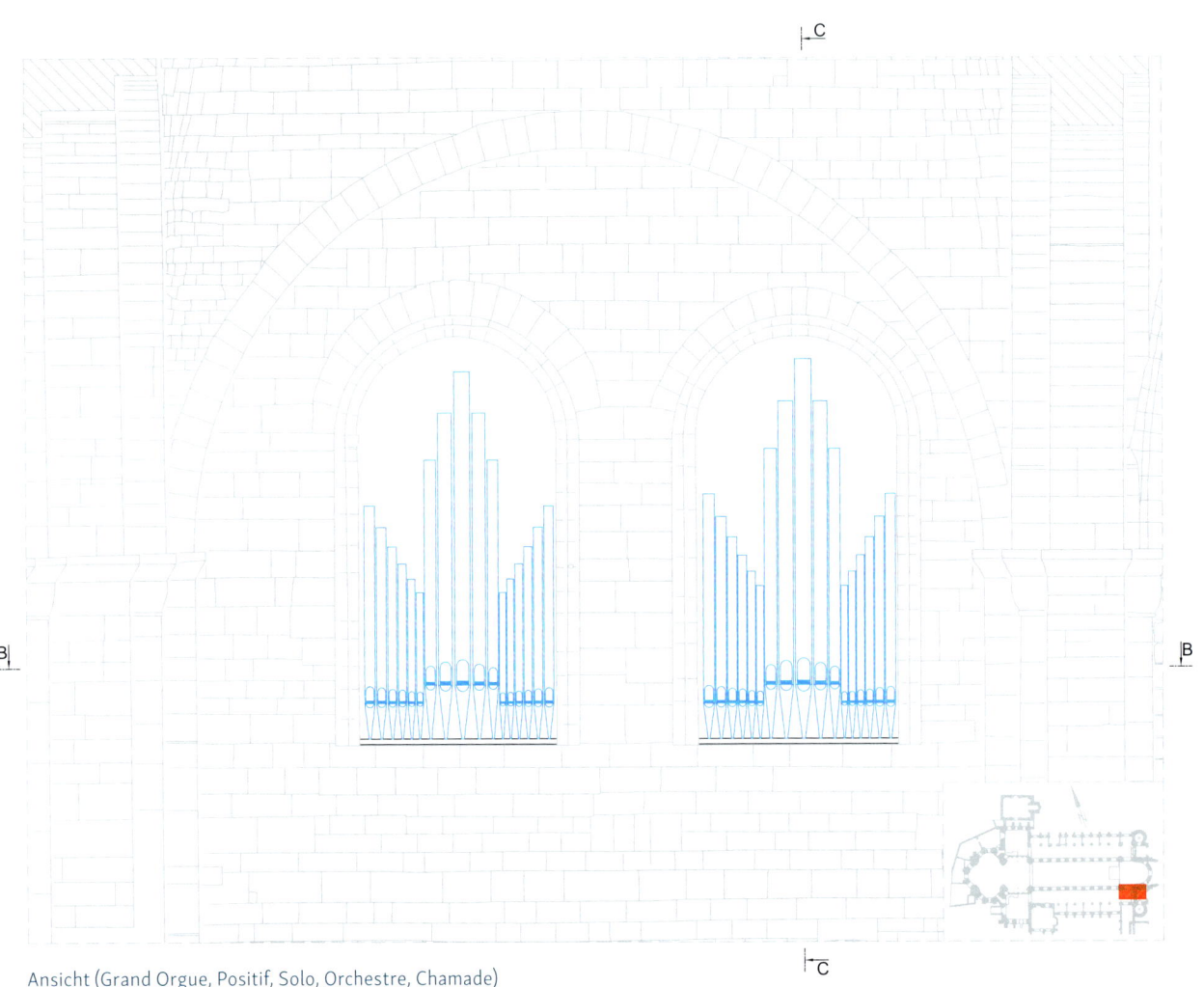

Ansicht (Grand Orgue, Positif, Solo, Orchestre, Chamade)

Konstruktionszeichnungen

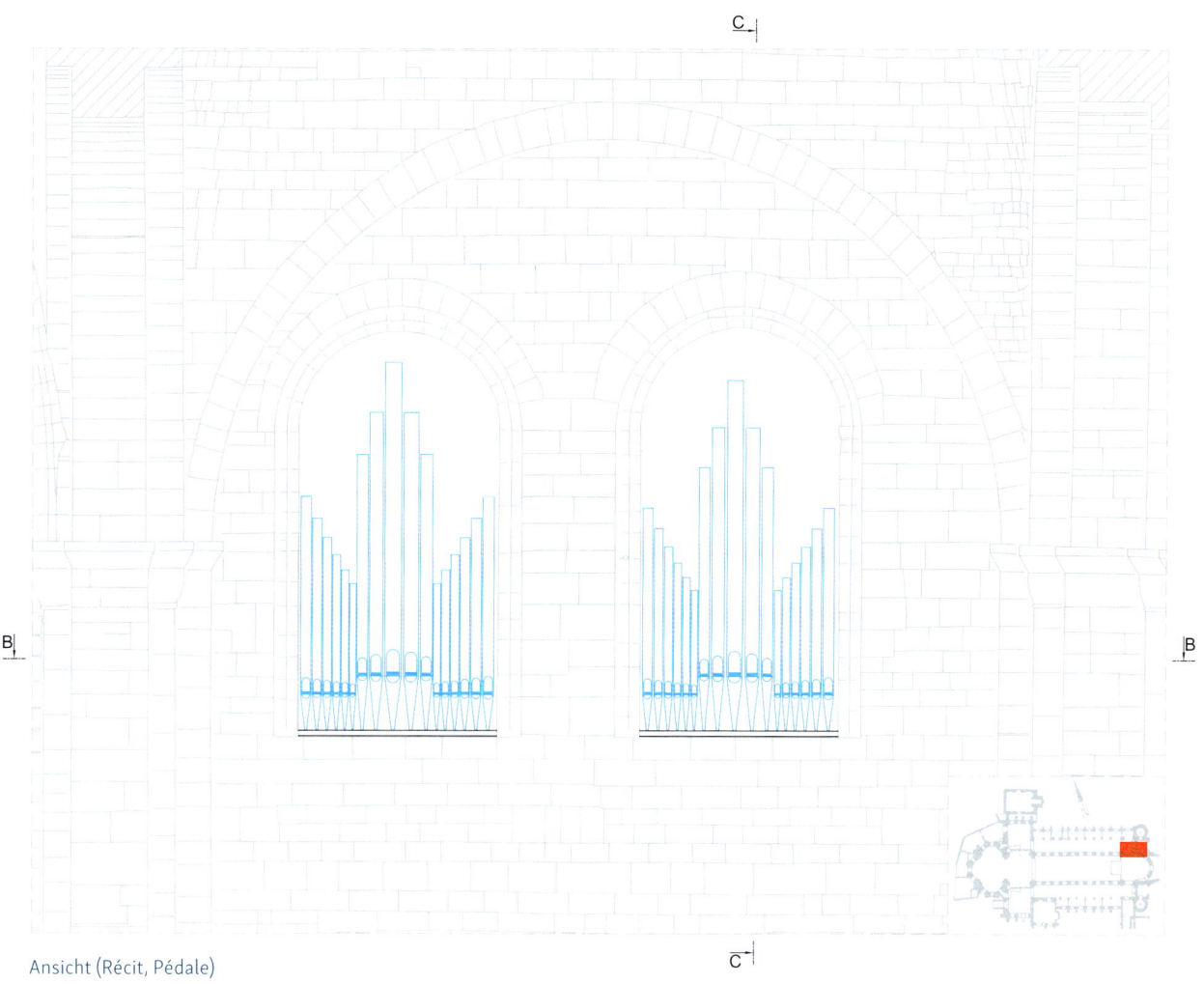

Ansicht (Récit, Pédale)

149

Anhang

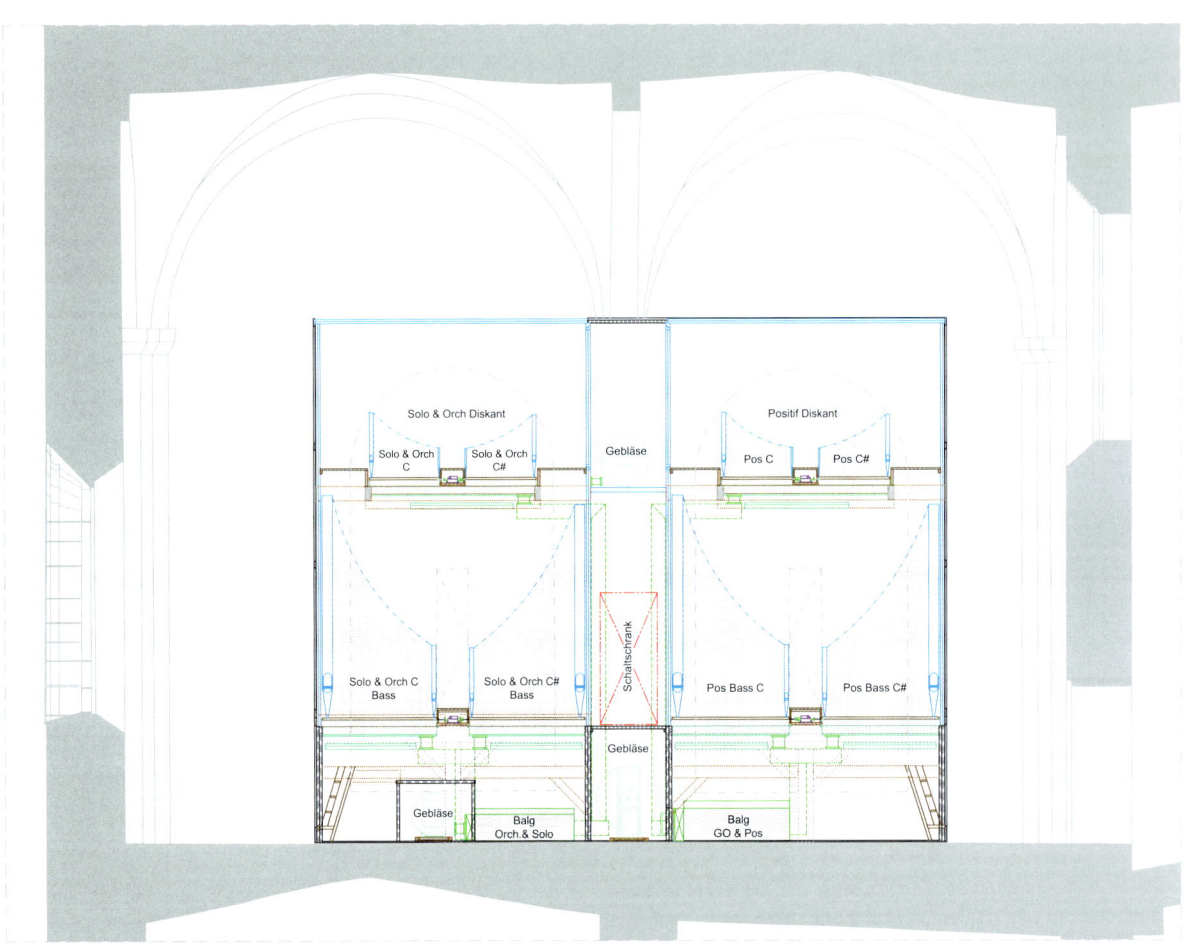

Schnitt A - A (Grand Orgue, Positif, Solo, Orchestre, Chamade)

Konstruktionszeichnungen

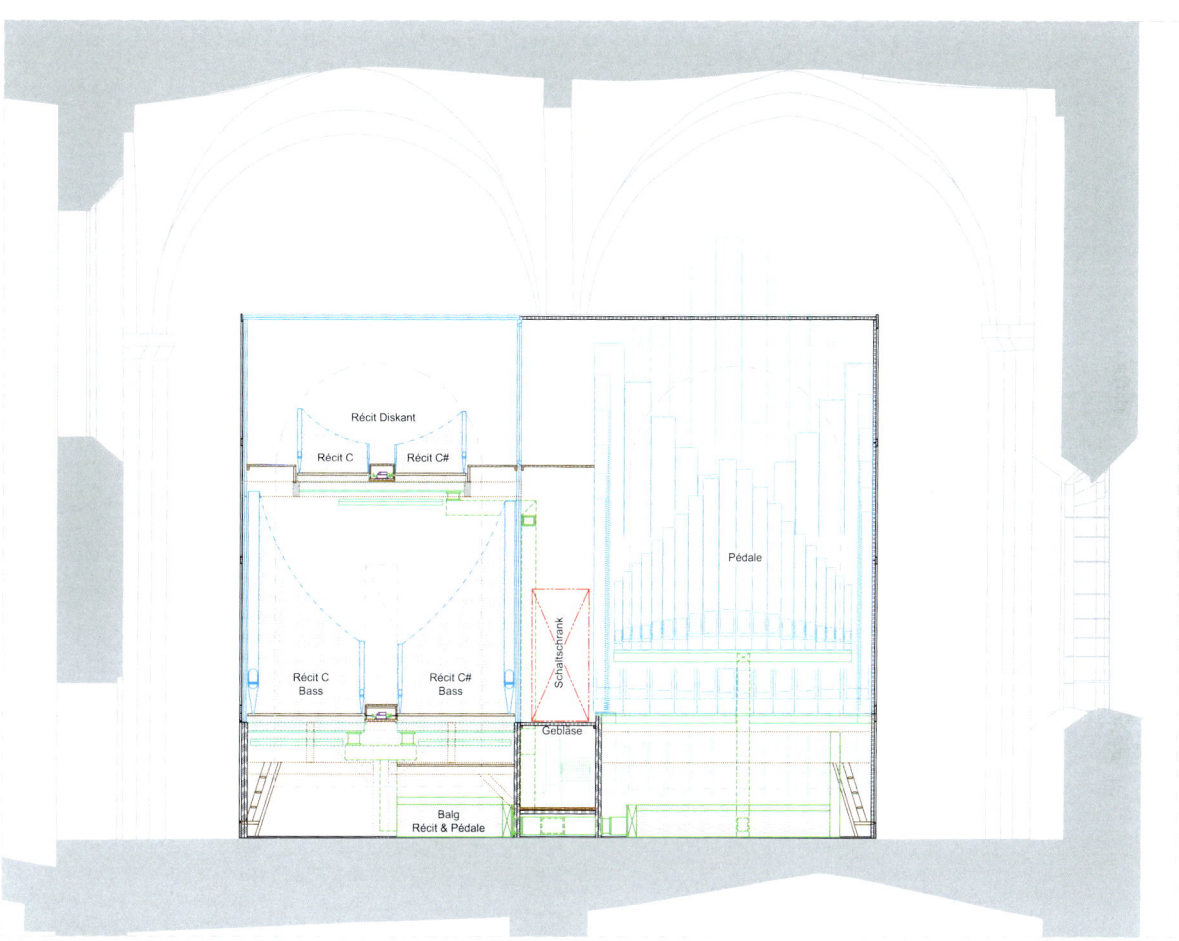

Schnitt A - A (Récit, Pédale)

Anhang

Schnitt B - B (Grand Orgue, Positif, Solo, Orchestre, Chamade)

Konstruktionszeichnungen

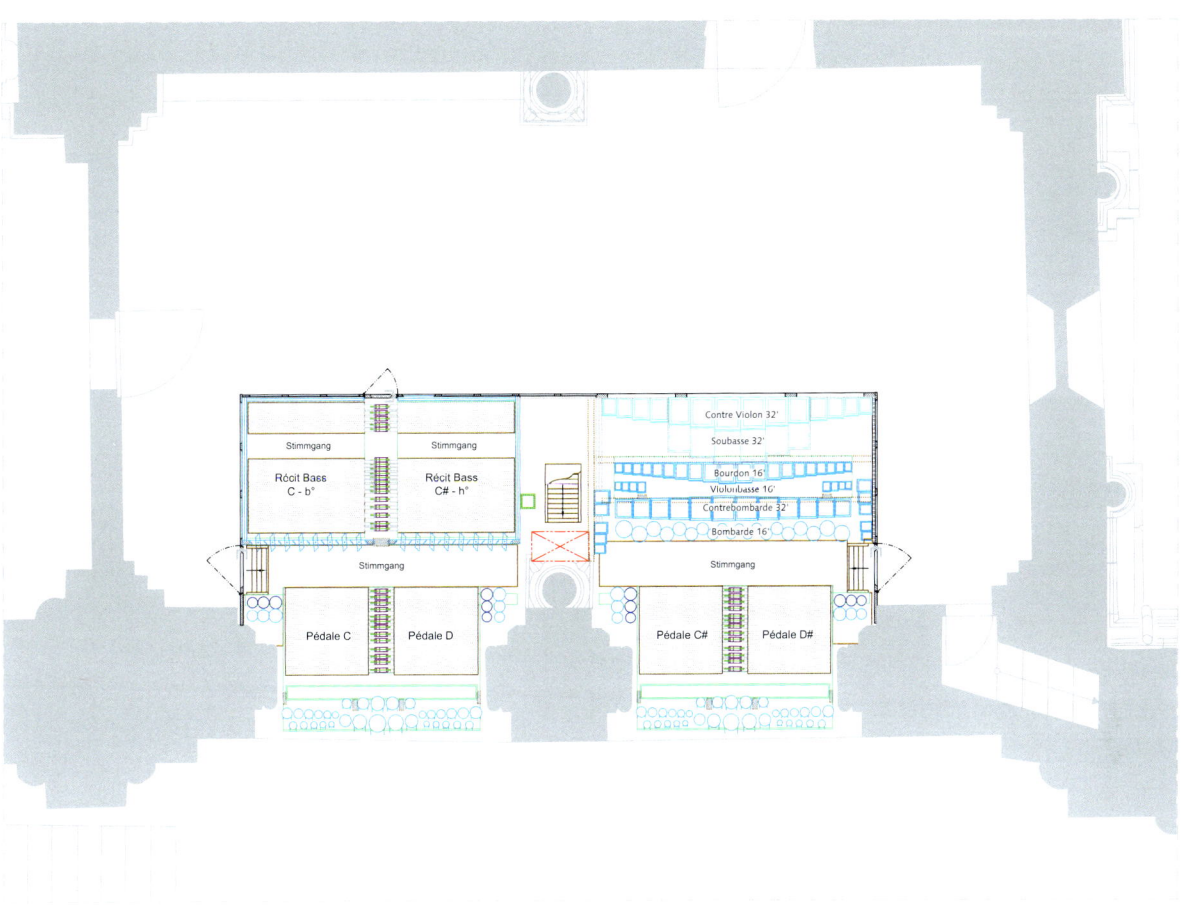

Schnitt B - B (Récit, Pédale)

Anhang

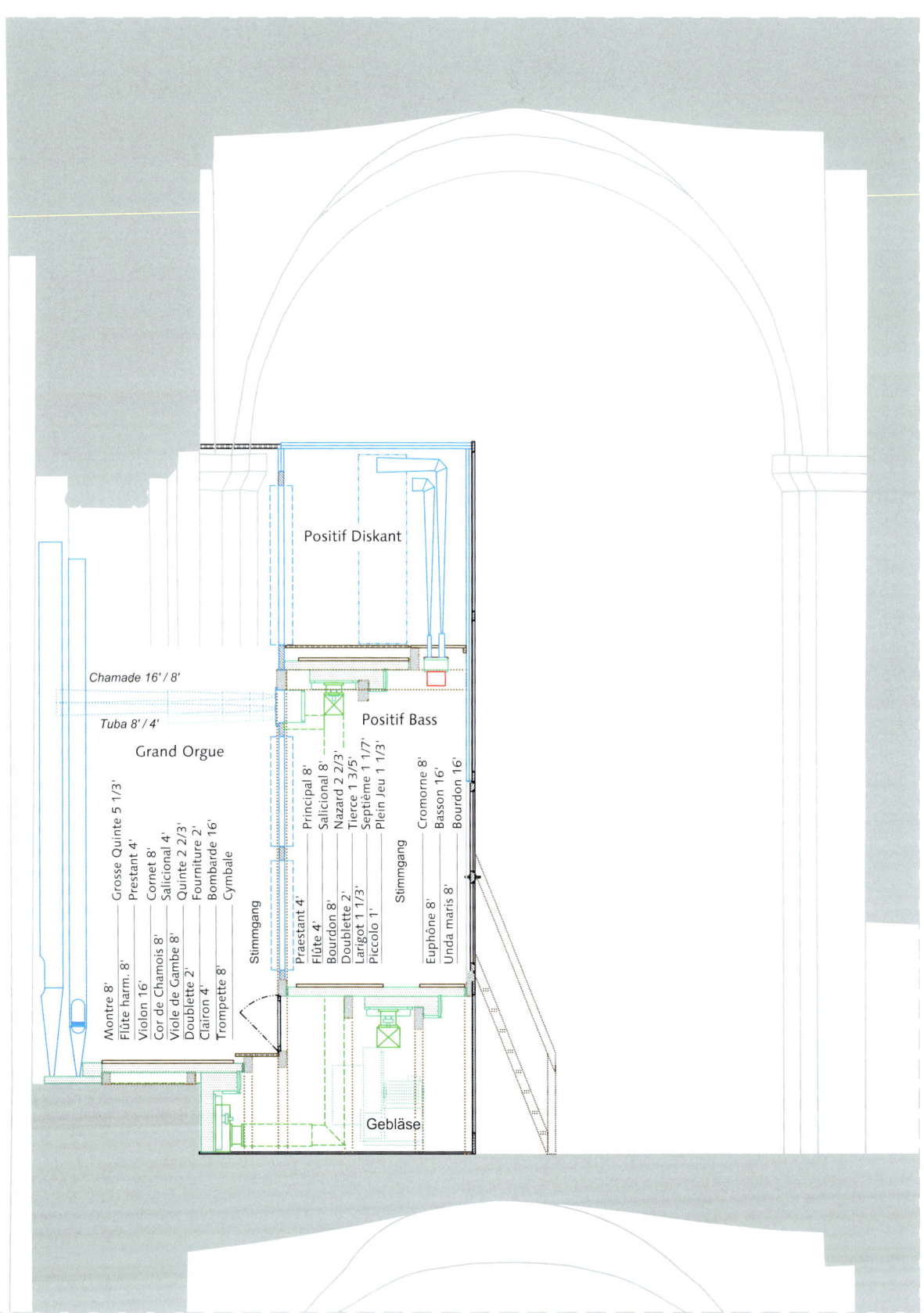

Schnitt C - C (Grand Orgue, Positif, Solo, Orchestre, Chamade)

154

Konstruktionszeichnungen

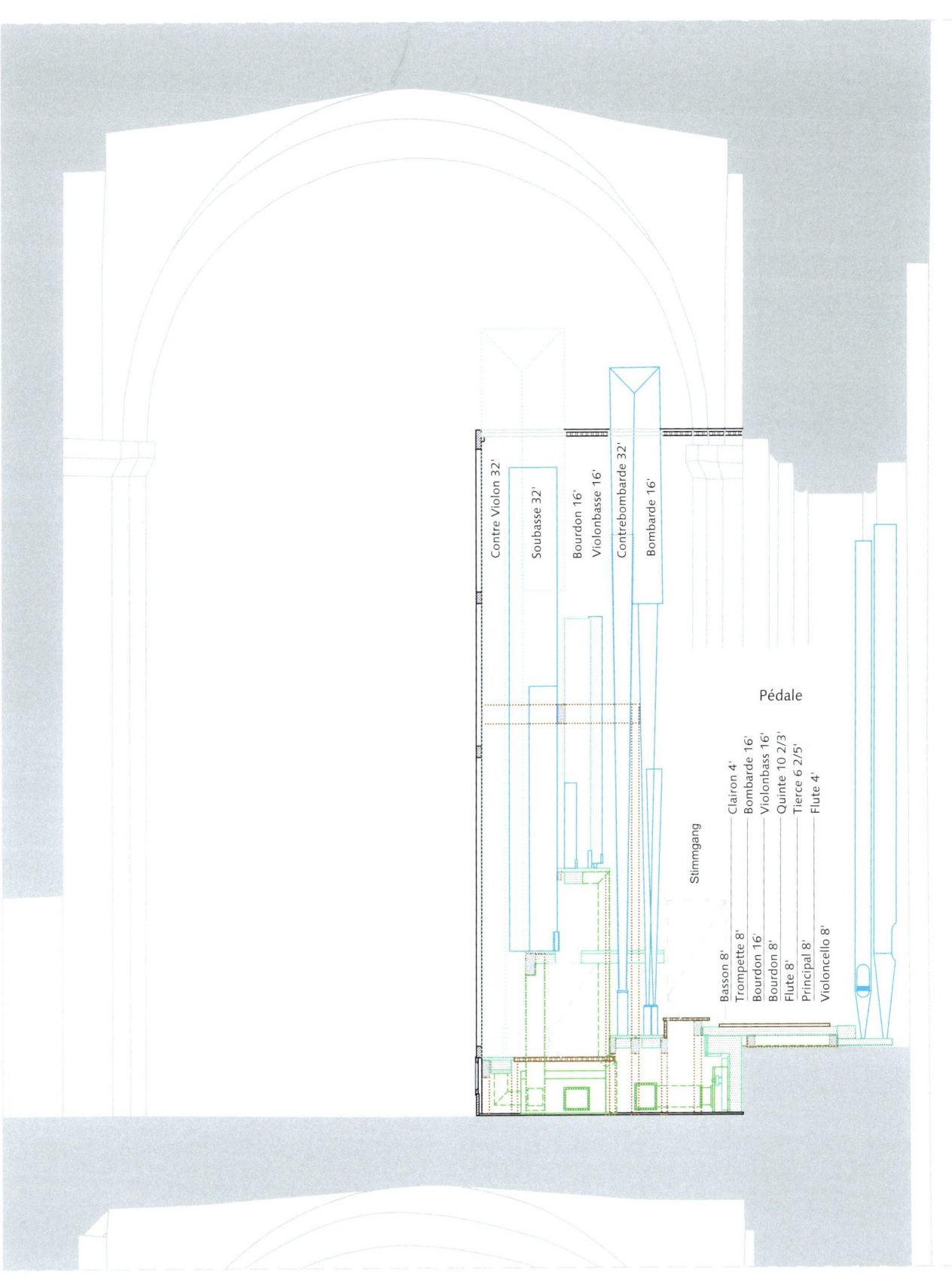

Schnitt C - C (Récit, Pédale)

DIE ORGELBAUFIRMEN

Orgelbau Goll AG

Friedrich Goll (1839–1911), geboren in Bissingen (Württemberg) lernt 1853–58 das Orgelbauhandwerk bei seinem Bruder Christoph Ludwig Goll in Kirchheim u. Teck. Nach seinen Wanderjahren u. a. in Paris und England arbeitet er bei Friedrich Haas, einem der bedeutendsten Orgelbauer des 19. Jahrhunderts. 1868 übernimmt Friedrich Goll die Haas'sche Werkstatt in Luzern. Die Qualität seiner Instrumente und sein hervorragender Ruf ermöglichen eine kontinuierliche Vergrösserung des Betriebes bis auf ca. 70 Angestellte (um 1910). Bis 1895 werden mechanische Kegelladen gebaut, danach pneumatische Systeme nach eigenem Patent. 1905 übernehmen die Söhne Karl und Paul das Geschäft und führen es durch eine bewegte Zeit bis zum international gefeierten Bau der größten Orgel der Schweiz in der Klosterkirche Engelberg (IV, 135 Reg., 1926). 1928 wird die Aktiengesellschaft gegründet mit den Teilhabern Paul Goll (techn. Direktor) und dem Intonateur Wilhelm Lackner. 1955 stirbt Paul, sein Sohn Friedrich steigt in dritter Generation in die Fußstapfen seines Vaters.

Nach dem tragischen Unfalltod von Friedrich Goll übernehmen Beat Grenacher und Jakob Schmidt 1972 die traditionsreiche Luzerner Orgelbaufirma. Beat Grenacher widmet sich dem klanglichen Bereich von der Mensurierung bis zur Intonation. Mit langjähriger Erfahrung und minutiösem handwerklichem Geschick gelingt es immer wieder, die einzelnen Klangnuancen des Instruments an die Gegebenheiten des Raumes anzupassen und ein in sich geschlossenes Klangbild zu erschaffen. Jakob Schmidt ist der Entwerfer und Konstrukteur mit feinsinnigem Gespür für die Proportionen und übersprudelnder Phantasie für spannungsvolle Orgelprospekte. Oberstes Ziel ist es, den Orgelspielern ein Höchstmaß an Sensibilität für eine differenzierte Spielart zu ermöglichen. Durch Studien an historischen Instrumenten und Weiterentwicklungen von verschiedenen Einzelteilen wird eine rein mechanische Tontraktur auch bei grossen Instrumenten (bis ca. 70 Register) und höchsten Qualitätsanforderungen realisierbar. Im Frühling 1998 stirbt Jakob Schmidt nach schwerer Krankheit. Im selben Jahr kehrt Simon Hebeisen nach seinen Wanderjahren und einer Innenarchitektur-Zusatzausbildung in die Lehrfirma zurück und leitet seither den Betrieb mit 15 Mitarbeitern (bis 2009 zusammen mit Beat Grenacher).

Während den letzten 50 Jahren haben über 100 Instrumente die Luzerner Werkstatt verlassen, vom transportablen Continuo-Positiv bis zur viermanualigen Konzertsaal-Orgel. Neuere Goll-Orgeln stehen u. a. in München Moosach (St. Martin), Hannover (Marktkirche), Oslo (Fagerborg Kirche), Memmingen (St. Martin), Bern (frz. Kirche) sowie in den Musikhochschulen Luzern, Salzburg (Mozarteum), Zürich, Mainz, Regensburg, Stuttgart und Bayreuth. Aktuell im Bau befindet sich die grosse Orgel für die spektakuläre Marktkirche Clausthal (IV/74), die Ende 2022 eingeweiht werden soll.

Neben dem Neubaubereich gehören Unterhalt und Stimmungen von gut 250 Instrumenten ebenso zum Tätigkeitsfeld wie Revisionen von bestehenden und Restaurierungen von historischen Orgeln.

2018 feierte Goll das 150-jährige Firmen-Jubiläum: Höhepunkt war der Festakt im Konzertsaal des KKL Luzern mit Überbringung des unterzeichneten Werkvertrags für die neue Domorgel durch eine Delegation aus Mainz. Die enge und freundschaftliche Zusammenarbeit mit der Fa. Rieger über die gesamte Planungs- und Bauzeit war festigende Grundlage für die erfolgreiche Realisierung dieses außerordentlichen Projekts.

ORGELBAU **GOLL** LUZERN

ORGELBAU GOLL AG
Tribschenstrasse 30
CH-6005 Luzern / Schweiz
www.goll-orgel.ch

Kunst – Qualität – Innovation: RIEGER ORGELBAU

Rieger Orgelbau ist eine der ältesten durchgehend aktiven Orgelbaufirmen weltweit und kann mittlerweile auf eine mehr als 170-jährige Tradition zurückblicken und, damit verbunden, auf reiche Erfahrung bauen. Während dieser langen Zeit haben mehr als 3000 Instrumente unterschiedlicher Art und Größe die Firma verlassen und viele davon finden sich in prominenten Kathedralen, Kirchen, Konzerthallen, Konservatorien und Musikhochschulen auf der ganzen Welt wieder.

Die Orgelbauwerkstatt wurde 1845 von Franz Rieger im vormaligen Jägerndorf (heute Krnov in der Tschechischen Republik) gegründet und war bis 1924 über drei Generationen im Besitz der Familie Rieger. Nach dem plötzlichen Tod von Otto Rieger übernahm der damalige Betriebsleiter Josef von Glatter Götz die Leitung der Geschäfte. Nach den Wirren des Krieges und der damit verbundenen Vertreibung und Enteignung im Jahre 1946 ließen sich die Firmenleitung und eine Handvoll Mitarbeiter in Schwarzach im Westen Österreichs nieder, wo sie unter sehr eingeschränkten Bedingungen wieder mit dem Bau und der Restaurierung von Orgeln begannen. Nach drei Generationen im Familienbesitz Glatter-Götz übernahm abermals der Betriebsleiter die Firma, dieses Mal in der Person von Orgelbaumeister Wendelin Eberle, der seit dem Jahre 2003 die Geschäfte der Firma lenkt.

Mit über 60 Mitarbeiterinnen und Mitarbeitern ist Rieger auch eine der größten Orgelbaufirmen weltweit. Seit der Gründung der Firma vor 170 Jahren hat sich die Kunst und der Stil, Orgeln zu bauen, mehrfach verändert und wurde immer wieder dem musikalischen Geschmack der jeweiligen Zeit angepasst. Das gilt auch für die Instrumente dieses Hauses. Einige Aspekte haben sich aber über die ganze Zeit gehalten, wie z.B. die hohe künstlerische und handwerkliche Qualität, aber auch die Tatsache, dass Rieger sich immer sehr innovativ bei technischen Entwicklungen gezeigt hat, ja oft sogar führend war – und zwar bis zum heutigen Tag: So wurde z.B. im Konzerthaus Göteborg vor zwei Jahren zum ersten Mal ein beweglicher mechanischer Spieltisch gebaut.

Diese Innovationskraft spiegelt sich auch in der aktuellen Entwicklung des eigenen elektronischen Setzersystems für Orgeln wider, dem sogenannten REA-System (Rieger Electronic Assistant), mit dem sogar eine Fernwartung angeboten werden kann. Als wiederum eine der ganz wenigen Firmen weltweit kann Rieger somit auf eine hauseigene Fertigungsleistung von annähernd 100 % verweisen.

Neben einer größeren Anzahl von kleineren und mittelgroßen Orgelprojekten unterschiedlichster Stilistik konnte Rieger in den letzten Jahren sein Können auch bei wichtigen großen internationalen Orgelprojekten unter Beweis stellen. So z.B. im Goldenen Saal des Wiener Musikvereins, in der Philharmonie in Paris, in Konzerthäusern in Göteborg, Nantong, Seoul, Linz, Bratislava, Lodz oder Helsinki, in zahlreichen Musikhochschulen (u.a. Paris, Moskau, Wien, Essen, Mainz), im Wiener Stephansdom sowie in den Domkirchen zu Regensburg, Daegu (KR), Essen – und nun auch Mainz. Rieger-Orgeln stehen des Weiteren in allen wichtigen Kirchen des Heiligen Landes, in Jerusalem, Bethlehem oder Nazareth.

Rieger fühlt sich aber auch der Orgelbaugeschichte gegenüber verantwortlich und hat vor mehreren Jahren hausintern eine große Restaurierungsabteilung eröffnet. Neben zahlreichen kleineren und mittleren Gemeinde-Orgeln ragen heraus die denkmalgerechten Restaurierung der Cavaillé-Coll-Orgel im Tschaikowski-Konservatorium Moskau, die große Behmann-Orgel in Bregenz, die Furtwängler & Hammer-Orgel der Auenkirche Berlin, die Instrumente des Orgelmuseums in Gulangyu (China) und viele andere mehr.

Aktuelle Innovation und dauerhafte künstlerische Qualität gehen eben nur in Kenntnis, Respekt und Verantwortung dem Alten gegenüber.

Rieger-Orgelbau
A-6858 Schwarzach / Österreich
www.rieger-orgelbau.com

DIE AUTORIN UND DIE AUTOREN

Daniel Beckmann

wirkt als Domorganist und Professor für Orgel in Mainz. Über viele Jahre hinweg durfte er den Entstehungsprozess der neuen Mainzer Domorgel mitbegleiten. Konzerteinladungen, Kurse, Juroren- und Beratertätigkeiten (u.a. Wiener Domorgelkommission) führen ihn regelmäßig in bedeutende Musikzentren des In- und Auslands. Aufnahmen für Tonträger, Rundfunk- und Fernsehanstalten (ARD, ZDF, ORF, SWR, WDR, BR, SAT1, Phoenix). Stipendium „Bundesauswahl Junger Künstler" des Deutschen Musikrats (2005), „Premier Prix" des Internationalen Orgelwettbewerbs der Abbaye Saint-Maurice d'Agaune (CH 2009), Kulturpreis seiner nordrhein-westfälischen Heimat (Kreis Olpe 2011) und Ernennung zum ersten Mainzer Stadtmusiker (2016). Beckmann studierte bereits zu Schulzeiten als Jungstudent an der Detmolder Musikhochschule (Klasse Prof. Gerhard Weinberger). A-Examen für Kirchenmusik, künstlerische Reifeprüfung und Konzertexamen für Orgel jeweils mit Auszeichnung.

Diana Ecker

wurde 2011 von Kardinal Lehmann zur Konservatorin der Kirchlichen Denkmalpflege des Bistums Mainz ernannt. In dieser Funktion ist sie für die denkmalpflegerische Betreuung der kirchlichen Kulturdenkmäler im Gebiet der Diözese, und insbesondere für den Mainzer Dom, zuständig.

1974 in Konstanz geboren, studierte sie nach ihrer Berufsausbildung zur Schreinerin Kunstgeschichte und klassische Archäologie an der Universität Heidelberg und in Siena. Nach dem Studium absolvierte sie ein Volontariat am Dom- und Diözesanmuseum in Mainz. Dort verfasste sie als Autorin u.a. die Geschichte des Museums (2008). Als wissenschaftliche Mitarbeiterin setzte sie dort ihre Tätigkeit fort und war maßgeblich an der Vorbereitung der großen Sonderausstellung „Der verschwundene Dom" (2011) beteiligt. Neben ihrem Hauptberuf als Konservatorin forschte Diana Ecker zur Tätigkeit des „Naumburger Meisters" im Mainzer Dom des 13. Jahrhunderts und schloss 2021 ihre Dissertation ab (Publikation in Vorbereitung). Im Rahmen des Domorgel-Symposiums war sie 2013 am Auswahlverfahren um die neue Domorgel beteiligt.

Simon Hebeisen

begann 1988 nach Abschluss des Gymnasiums seine Lehre zum Orgelbauer bei Orgelbau Goll in Luzern. Schon früh ergänzten musikalische Tätigkeiten die Ausbildung (Klavier, Cembalo, Orgel, Clavichord und Gesang). Nach Wanderjahren bei mehreren Orgelbauern bildete er sich weiter in den Bereichen Innenarchitektur und Möbeldesign. Seit 1998 ist Simon Hebeisen Mitinhaber und Geschäftsführer der Firma Orgelbau Goll AG und leitet die traditionsreiche Luzerner Werkstatt mit 15 Mitarbeitern. Er unterrichtet zudem als Dozent an den Musikhochschulen Luzern und Zürich und wirkt als Experte bei den Schweizerischen Lehrabschlussprüfungen. Als langjähriges Vorstandsmitglied der ISO (International Society of Organbuilders) engagiert er sich für den fachlichen Austausch auf internationaler Ebene. Vielfältige Tätigkeiten als aktiver Musiker auf verschiedenen Tasteninstrumenten und als Ensemble-Sänger ergänzen das berufliche Spektrum.

Peter Kohlgraf

Geboren 1967, studierte Katholische Theologie in Bonn und Salzburg und wurde 1993 in Köln zum Priester geweiht. Im Anschluss war er 17 Jahre lang in verschiedenen Aufgaben im Erzbistum Köln tätig, u.a. als Schulseelsorger und Religionslehrer sowie als stellvertretender Direktor des Erzbischöflichen Theologenkonvikts Collegium Albertinum in Bonn.

Bischof Peter Kohlgraf wurde im Jahr 2000 mit einer Arbeit aus dem Fach Alte Kirchengeschichte/Patrologie an der Universität Bonn zum Dr. theol. promoviert. Im Jahr 2010 folgte die Habilitation im Fach Pastoraltheologie an der Universität Münster. Von 2012 bis zu seiner Ernennung zum Bischof war er Professor für Pastoraltheologie an die Katholische Hochschule Mainz. Am 27. August 2017 wurde Peter Kohlgraf zum Bischof von Mainz geweiht.

Bischof Kohlgraf ist Vorsitzender der Pastoralkommission und Mitglied der Migrationskommission der Deutschen Bischofskonferenz und, seit 2019, Präsident der katholischen Friedensbewegung *pax christi* Deutschland. Er hat mehrere Beiträge zum Thema „Musik und Pastoral" vorgelegt.

Wendelin Eberle

1978, im Alter von knapp 15 Jahren, begann Wendelin Eberle die Lehre zum Orgelbauer bei der Fa. Rieger Orgelbau in Schwarzach, Vorarlberg. Nach deren Abschluss folgte über mehrere Jahre hinweg eine rege Montagetätigkeit, die ihn nicht nur an viele Kathedralen und Konzerthäuser weltweit führte, sondern ihm auch die nötige fachliche Erfahrung für spätere Aufgaben zuteilwerden ließ. Intensives Engagement in Musik (Trompete), der Intonation und der Konstruktion vervollständigten seine fachliche Kompetenz und rundeten seine Ausbildung ab. 1988 legte er die Prüfung zum Orgelbaumeister ab, drei Jahre danach übernahm er die Leitung der Konstruktionsabteilung bei Rieger und ein weiteres Jahr später die Betriebsleitung. Seit Oktober 2003 leitet Wendelin Eberle als geschäftsführender Eigentümer die Geschicke der Firma Rieger Orgelbau mit ihren rund 60 Mitarbeiterinnen und Mitarbeitern.

Birger Petersen

studierte Musiktheorie, Komposition, Musikwissenschaft, Theologie und Philosophie in Lübeck und Kiel; 2001 Promotion an der Christian Albrechts-Universität Kiel. 1995–2004 Kirchenmusiker in Eutin (Holstein); verschiedene Lehrtätigkeiten in Norddeutschland. 2008 Ernennung zum Professor für Musiktheorie an der Hochschule für Musik und Theater Rostock, 2011 Berufung auf eine Universitätsprofessur für Musiktheorie an der Johannes Gutenberg-Universität Mainz. 2017 Habilitation in Musikwissenschaft. Publikationsschwerpunkte: Geschichte der Musiktheorie vom 17. bis 19. Jahrhundert, Musik des 20. Jahrhunderts, Orgellandschaften des 19. und 20. Jahrhunderts. Zahlreiche Kompositionspreise, darunter der Europäische Kompositionspreis der Terminbörse Amsterdam und der Kompositionspreis des Deutschen Musikrats. Birger Petersen war 2015–2017 Rektor der Hochschule für Musik Mainz und im Studienjahr 2017–2018 Senior Fellow am Alfried Krupp Wissenschaftskolleg Greifswald. 2021 Akademiepreis des Landes Rheinland-Pfalz.

Albert Schönberger

Der Domorganist a. D. am Hohen Dom zu Mainz und Komponist war als Hochschullehrer für Orgelliteraturspiel und -improvisation, als Juror bei Orgelwettbewerben und Leiter von Meisterkursen tätig, schuf Hörerlebnisse in zahlreichen Tonträgeraufnahmen, Rundfunk- und Fernsehsendungen, in vielfältigen Konzerten im In- und Ausland - und nicht zuletzt in seinem pastoralen liturgischen Orgelspiel sowie als Schöpfer vokaler und instrumentaler Kompositionen, von geistlichen Musiken für die Liturgie bis hin zu chorsymphonischen Werken, darunter das Oratorium *Denn wir müssen Gott mehr gehorchen als den Menschen ...* (UA 2007, Mainz), das MAINZER CREDO (UA 2008, Mainz) und das GLORIA IN EXCELSIS DEO (UA 2016, Mainz) sowie das WEIHNACHTSORATORIUM nach Lukas (UA 2018, Weimar). Das Land Rheinland-Pfalz würdigte Schönberger für seine herausragenden Verdienste um die Musikpflege und Musikschöpfung mit der Peter-Cornelius-Plakette.

Weitere in jüngerer Zeit uraufgeführte Werke (Auswahl) sind die *Stephanus-Messe* für Chor und Orgel (2015), die *Weimarer Pastoralmesse* (2017), die SUITE CHORALE für Bläserquintett (2018), eine *Choralphantasie* für Orgel (2022) und eine *Orgelpartita* (2022).

Achim Seip

Geboren 1960 in Darmstadt. Studium der Musikwissenschaft, Kath. Theologie und Anglistik an der Johannes Gutenberg-Universität in Mainz. 1991 Promotion zum Dr. phil. über das Thema „Die Orgelbauwerkstatt Dreymann in Mainz". Orgelsachverständiger für die Bistümer Limburg und Mainz.

Seit 2003 Lehrbeauftragter für Orgelbau und Instrumentenkunde an der Hochschule für Musik und Darstellende Kunst in Frankfurt am Main. Mitglied in der Künstlerischen Planungsgruppe der Internationalen Orgelwochen im Kultursommer Rheinland-Pfalz. Forschungsschwerpunkte: Orgelbau im mittelrheinischen Raum, Synagogenorgeln und jüdische Orgelmusik, Publikationen in Fachzeitschriften.

ABBILDUNGSNACHWEIS

S. 6/7: © Christoph Martin Frommen
S. 8: © Staatskanzlei Rheinland-Pfalz / Elisa Biscotti
S. 9: © Torsten Silz
S. 10: © Bistum Mainz
S. 11: © DAS ATELIER
S. 12: © ZDF / Carmen Sauerbrei
Titel, Rückseite, S. 19–22, 34–37, 38 (rechts), 39–44, 48–50, 60–61, 63, 83: © Marcel Schawe
S. 23, 30/31, 33, 38 (links), 42, 45–46, 51–53, 105–121, 125: © Samira Schulz
S. 24–29, 32, 47, 56, 89, 135 (links), 142: © Daniel Beckmann
S. 91: © Lea Beckmann

S. 69–74, 76–82, 84–85, 148–155: © Rieger Orgelbau
S. 86 oben: © Christine Schalk, Bistum Mainz
S. 86 (Mitte/unten), 144–147: © Orgelbau Goll
S. 58, 140–141: © Markus Kohz, Werbewerkstatt Korinski
S. 97, 129 (rechts): © Bischöfliches Dom- und Diözesanmuseum Mainz
S. 98, 102, 138–139: © Mainzer Domorgel-Archiv
S. 101: © Dom- und Diözesanmuseum Trier
S. 128, 131: © Dr. Achim Seip
S. 129 (links), 130 (rechts oben), 132–133: © Dom- und Diözesanarchiv Mainz
S. 130 (links und Mitte): © Dr. Achim Seip; Portraits im Besitz der Familie Dreymann (Büdingen)
S. 130 (rechts unten): © Bildarchiv Foto Marburg